INHALTSVERZEICHNIS

ABKÜRZUNGSVERZEICHNIS

ANC	African National Congress (Afrikanischer Nationalkongress)
AP	Alianza Popular (Volksallianz)
ANV	Acción Nacionalista Vasco (Baskisch-Nationalistische Aktion)
APV	Asamblea de Parlamentarios Vascos (Versammlung baskischer Parlamentarier)
Art.	Artikel
BBB	Bizkai Buru Batzar (Regionalrat von Vizcaya, PNV)
CAV	Comunidad Autónoma del País Vasca (Autonome Gemeinschaft des Baskenlandes)
CC.EE.	Conciertos Económicos (Ökonomische Sonderrechte)
CGV	Consejo General Vasco (Baskischer Generalrat)
CNV	Comunión Nacinalista Vasca (Baskisch-Nationalistische Gemeinschaft)
DCV	Democracia Cristiana Vasca (Christlich-Demokratische Demokratie)
EB	Euzkeldun Batzokija (Vorgänger-Organisation der PNV)
Ebd.	ebenda
EE	Euskadiko Ezkerra (Linke des Baskenlandes)
EG	Euzko Gaztedi (Baskische Jugend)
EHAS	Euskal Herriko Alderdi Sozialista (Sozialistische Partei des baskischen Volkes)
ETA	Euskadi ta Askatasuna (Baskenland und Freiheit)
ETAm	Euskadi ta Askatasuna militar (Baskenland und Freiheit, militärische Organisation)
ETApm	Euskadi ta Askatasuna político-militar (Baskenland und Freiheit, politisch-militärische Organisation)
ESB	Euskal Sozialista Biltzarrea (Sozialitische Baskische Versammlung)
ESEI	Euskadiko Sozialista Elkartze Indarra (Sozialistische Übereinkunft des Baskenlandes)
HASI	Herriko Alderdia Sozialista Iraultzailea (Sozialitisch-revolutionäre Volkspartei)
HB	Herri Batasuna (Volkseinheit)
Hrsg.	Herausgeber
IA	Izquierda Abertzale (Patriotische Linke)

IRA	Irish Republican Army (Irisch-Republikanische Armee)
KAS	Koordinadora Abertzale Sozialista (Patriotisch-Sozialistische Koordinationsgruppe)
LAB	Langile Abertzale Batzordeak (Patriotische Arbeiterkommissionen)
LAIA	Langile Abertzale Iraultzailea Alderdia (Patriotisch-Revolutionäre Arbeiterpartei)
LAK	Langile Abertzale Komiteak (Patriotische Arbeiterkomitees)
LKI	Liga Komunista Iraultzailea (Revolutionäre Kommunistische Liga)
MCE-EMK	Movimiento Comunista de Euskadi – Euskadiko Mugimendu Komunista (Kommunistische Bewegung des Baskenlandes)
ORT	Organización Revolucionaria de los Trabajadores (Revolutionäre Organisation des Baskenlandes)
PCE-EPK	Partido Comunista de Euskadi – Euskadiko Alderdo Komunista (Kommunistische Partei des Baskenlandes)
PLO	Palestine Liberation Organization (Palästinensische Befreiungsorganisation)
PNV	Partido Nacionalista Vasco (Baskisch-Nationalistische Partei)
PNV-EAJ	Partido Nacionalista Vasco – Eusko Alderdi Jeltzalea (Baskisch-Nationalistsiche Partei)
PSE-PSOE	Partido Socialista de Euskadi – Partido Socialista Obrero Español (Sozialistische Partei des Baskenlandes – Spanische Sozialistische Arbeiterpartei)
PSOE	Partido Socialista Obrero Español (Spanische Sozialistische Arbeiterpartei)
PTE	Partido del Trabajo (Partei der Arbeit Spaniens)
SOV	Solidaridad de Obreros Vascos (Solidarität baskischer Arbeiter
UCD `	Uníon del Centro Democrático (Demokratische Zentrums Union)
UGT	Unión General de Trabajadores (Allgemeine Arbeiterunion)

EINLEITUNG

Spanien steht symbolisch für Sonne, Meer und Urlaub. Angesichts der andauernden ETA-Attentate trügt dieser Schein. Fährt man dennoch in das Urlaubsland, ist eine stetige Spannung spürbar, da die Anschläge zunehmend auf Touristen abzielen. Besonders im Baskenland ist man dieser Gefahr ausgesetzt, da sich der Konflikt zwischen dem Zentralstaat und der ETA hauptsächlich hier abspielt.

Euskadi, so die baskische Bezeichnung für die Autonome Region der Basken, besteht aus *Vizcaya*, *Alava* und *Guipúzcoa*. Neben diesen Provinzen umfasste das historische Baskenland *Navarra* und die französischen Provinzen *Labourd*, *Basse-Navarre* sowie *Soule*. Die Basken bezeichnen alle Gebiete zusammen als *Euskal Herria* (Land der Basken). In den Jahren 1000 bis 1035 unterlagen sie König Sancho dem Großen.[1] Die Gesamtheit der Provinzen bildete gemeinsam mit *Navarra* das Königreich *Navarra*. Diese Epoche ist die einzige, in der alle Provinzen unter einer Herrschaft vereint waren. Die Forderung der Nationalisten nach einem alle historischen Gebiete umfassenden, eigenständigen Staat geht auf diese Zeit zurück. Warum sie gerade deshalb als unrealistisch gilt, wird im Laufe dieser Arbeit geklärt. *Navarra* stellt sich gegen einen eigenen baskischen Staat. Es wird in der Studie erläutert, womit diese nicht-baskische Haltung zusammenhängt.

Nach dem Tod des Königs zerfiel das Königreich *Navarra*; 1512 endete endgültig die Unabhängigkeit *Navarra*s und so fielen einige Gebiete unter die kastilische Krone. Der König gewährte den Basken Sonderrechte, die sogenannten *Fueros*. Diese Privilegien garantierten Autonomie und Freiheit. Die foralen Systeme in den sieben baskischen Territorien waren nicht gleich, hatten aber ähnliche Grundzüge. Die Karlisten-Kriege führten zur Abschaffung der *Fueros*. Auf diese Sonderrechte stützte sich der Nationalismus, welcher unter Sabino Arana gegen Ende des 19. Jahrhunderts entstand. Sein Nationalismus sollte die Basken

---

[1] KASPER 1997: 31

gegen die Industrialisierung, die spanischen Einwanderer und den Zentralstaat mobilisieren. Als wichtigstes Abgrenzungskriterium gegen den Rest Spaniens galt hierbei die besondere Rasse. Kurt Tucholsky schreibt in seinem „Pyrenäenbuch" über die Basken:

> „Ein Graf von Montmorency rühmte einst vor einem Basken das Alter seines Namens, seines Adels, seiner Familie, rühmte, von welch großen Männern er abstammte. Der Baske erwiderte: ‚Wir Basken, Herr Graf: wir stammen überhaupt nicht ab!'" (TUCHOLSKY 1962: 30).

Fast alle europäischen Anthropologen sind sich darüber einig, dass die Basken die ältesten Europäer sind. Schädelfunde des *Cro-Magnon*[2], der in der Würmeiszeit das Baskenland bewohnte, geben darüber Aufschluss. Der Archäologe José Miguel Barandiaran fand bei seinen Untersuchungen an den Schädeln heraus, dass sie fast völlig mit den Charakteristika der heutigen Basken übereinstimmen. Die These, der Ursprung der Basken sei die Folge einer Einwanderung, ist damit widerlegt. Die Sprache und die Sitten des *Cro-Magnon* wurden über Jahrhunderte durch die Basken bewahrt.

Im Übrigen unterscheiden sich die Basken von anderen Europäern durch einen auffallend hohen Anteil des Rhesusfaktors negativ. In diesem Zusammenhang werden folgende Fragen beantwortet: *Inwiefern dienten diese Merkmale dem baskischen Nationalismus? Wie konnte er sich durch sie bis heute legitimieren, wer waren seine Akteure und warum konnte er in nur kurzer Zeit eine Masse von Anhängern für seine Idee mobilisieren? Inwiefern hat die Industrialisierung zu seinem anhaltenden Erfolg beigetragen?*

Diese Arbeit setzt sich umfassend mit der Nationalismus-Theorie vom Eric J. Hobsbawm auseinander, diesbezüglich wird erläutert, inwiefern seine Theorie auf den baskischen Nationalismus übertragbar ist. *Mit welchen Mitteln konnte der Nationalismus die baskischen Normen, Werte, Sitten und die baskische Sprache bis auf die heutige Gesellschaft transferieren?*

---

[2] Vorgeschichtlicher Vertreter des modernen Menschen

Arana wollte mit seinem Nationalismus eine homogene baskische Gesell-schaft kreieren. Für ihn konnte man nicht Baske werden, sondern man war es von Geburt an. *Warum kann man seinen Nationalismus von Anfang an als Ideo-logie bezeichnen? Und weshalb konnte er trotzdem so viele Anhänger für sich gewinnen?* Die von Arana gegründete Partei PNV (*Partido Nacionalista Vasco*) feierte 1995 ihren 100. Geburtstag. Ernest Gellner zufolge besteht das Ziel des Nationalismus darin, die Selbstregierung der eigenen Ethnie zu erlangen, um das Überleben der kollektiven Identität sicherzustellen. *Warum war nach dieser Definition die von Arana gegründete Bewegung erfolgreich und inwiefern verlief die Entwicklung der baskischen Gesellschaft nicht nach Aranas Vorstellungen? Worin bestand das Ziel der Partei? Warum hat sie ihre Maximalforderungen nach Eigenständigkeit zugunsten der Autonomie von 1936 aufgegeben? Wie sah der Inhalt der ersten Autonomie aus?* Es wird herausgestellt, warum sie sich nicht langfristig durchsetzten konnte. In der Arbeit wird außerdem erläutert, weshalb Aranas Ideologie im Wesentlichen für die feindlichen Auseinanderset-zungen zwischen Zentralstaat und den Nationalisten verantwortlich war. In die-sem Zusammenhang sollen folgende Fragen beantwortet werden: *Inwiefern dient sie als Grundlage für die Maximalforderungen der heutigen und der damaligen Nationalisten? Weshalb können die Forderungen als utopisch bezeichnet wer-den?*

Gegen Ende der 50er Jahre kristallisierte sich ein zweiter Nationalismus heraus: der radikale Nationalismus der ETA. Die radikalen Nationalisten im Baskenland sehen sich selbst als die vom Zentralstaat unterdrückten Opfer. Sie verlangen von der spanischen Regierung unangemessene und nicht umsetzbare Zugeständnisse. Um diese durchzusetzen, greifen die Radikalen, zu denen haupt-sächlich die ETA (*Euskadi ta Askatasuna* – Baskenland und Freiheit) und ihr Umfeld *Izquierda Abertzale* (patriotische Linke) gehören, zu unmenschlichen Taktiken. Wie diese im Einzelnen aussehen und warum die ETA als Terroris-musorganisation bezeichnet werden kann, soll innerhalb dieser Analyse beant-wortet werden. Folgende Fragestellungen sollen zudem behandelt werden: *Wel-che Gründe hindern den spanischen Staat an der Erfüllung der Forderungen?*

Worin unterscheiden sich der radikale und der gemäßigte Nationalismus? Und:
Inwiefern stimmen beide Strömungen miteinander überein?

Die ETA formierte sich gegen das diktatorische Franco-Regime. Nach Francos Tod 1975 entwickelte sich in Spanien ein demokratisches System. Zwischen 1975 und 1981 entstanden im spanischen Staat eine pluralistisch-demokratische Parteienlandschaft und eine neue politische Kultur. Diese Arbeit setzt sich hauptsächlich mit der baskischen Parteien- und Kulturgesellschaft auseinander. Der baskische Nationalismus ist dafür verantwortlich, dass die *Transición* (Übergang vom diktatorischen zum demokratischen Regime) in Euskadi nicht annähernd so schnell, friedlich und einvernehmlich verlief wie im restlichen Spanien. *Was macht demnach den baskischen Nationalismus nach 1975 aus und woher bezieht er seine Stärke und Durchsetzungskraft? Welche Werte, Symbole und Begriffe thematisiert er zur Konzeption seines Gesellschaftsmodells? Wie formuliert er seine Interessen und Ziele und welche Errungenschaften konnte er im Laufe der Zeit erzielen? Worauf stützen sich seine Maximalforderungen?*

Darüber hinaus wurde 1978 eine demokratische Grundordnung in Form einer Verfassung konzipiert. Durch die darin verankerten Autonomieregelungen erhielt die Baskische Autonome Region 1979 eine eigene Regierung mit weitestgehenden eigenen Kompetenzen. Welche Schwierigkeiten bei den Autonomieverhandlungen auftraten, wird im Laufe dieser Arbeit dargestellt. Zusätzlich wird erläutert, wie die Autonomieverhandlungen aussahen und wie sich der Inhalt des Gernika-Statuts gestaltete. Diesbezüglich sollen folgende Fragen beantwortet werden:

Warum führte die Eigenständigkeit nicht zur Konfliktfreiheit? Warum kann die Autonomie nicht als oktroyiertes System bezeichnet werden? Welche baskischen Akteure waren an der Gestaltung der Autonomie beteiligt und warum wird sie seit einigen Jahren nicht mehr anerkannt? Warum spaltete das Autonomiestatut letztendlich nicht nur die politische, sondern auch die zivile Gesellschaft? Warum lehnten die Radikalen die Autonomieverhandlungen resolut ab und wie drückte sich ihre Haltung aus?

Das Baskenland gibt Aufschluss darüber, dass ein Regimewechsel in multiethischen Gesellschaften komplizierter verläuft als in homogenen Gebilden. Im Gegensatz zum homogenen Katalonien standen sich im Baskenland in der Übergangsphase verschiedene Interessen gegenüber, die bis heute nicht einvernehmlich geregelt werden konnten. Trotz der konträren Standpunkte kam es nicht zum Scheitern des Demokratisierungsprozesses. Die Nationalisten verzögerten einerseits zwar sein Tempo, anderseits lieferten sie konstruktive Impulse für den Prozess. Diese werden in der Arbeit thematisiert. Welche Gestaltungsmöglichkeiten sich dem baskischen Nationalismus boten, wird diese Arbeit analysieren.

Der baskische Streit besteht nicht nur zwischen der „Konfliktachse Madrid-Euskadi", sondern auch innerhalb der baskischen Gesellschaft. Deshalb setzt sich die Arbeit gezielt mit der Bevölkerung auseinander und zeigt auf, in welche Lager sie sich spaltet. Zusätzlich wird erläutert, warum die ETA die Realität der baskischen Gesellschaft leugnet. Im Weiteren wird geklärt, warum gerade die Nationalisten für die Polarisierung der Bevölkerung verantwortlich sind und warum der Konflikt deshalb nicht durch weitere Zugeständnisse des Staates befriedet werden kann. Es soll genau beleuchtet werden, welche entscheidende Rolle die Zivilgesellschaft hier bei der Konfliktlösung spielt.

Diese Arbeit beschreibt die Mittel, mit denen die Radikalen die baskische Bevölkerung für sich gewinnen wollen; außerdem wird gefragt, warum sie trotz ihrer menschenverachtenden Strategie noch immer einen Teil der Basken für sich gewinnen können. *Warum wehrten sich die Menschen lange nicht gegen ETA? Und welches sind die potentiellen Opfer?* Weiterhin wird beschrieben, wie und warum sich die Bevölkerung letztendlich doch gegen die ETA mobilisierte. Im Weiteren wird nach den politischen Akteuren gefragt, welche die Gewaltorganisation unterstützen. Es soll außerdem der Frage nachgegangen werden, warum der Status quo bis heute von den nationalistischen Parteien nicht akzeptiert wird. Die PNV vertritt erst seit kurzem diese Haltung. *Warum hat sie ihre gemäßigte Position aufgegeben? Wann und womit manifestierte sie ihre ablehnende Haltung bezüglich der politischen Situation im Baskenland? Inwiefern verlässt sie damit den demokratischen Boden? Worin bestehen ihre neuen Forde-*

5

rungen und welche Akteure wollen diese verhindern? Warum sind ihre neuen Forderungen utopisch? Welche Haltung vertritt diesbezüglich die baskische Gesellschaft? Und warum vereiste mit dieser veränderten Position das Klima zwischen Madrid und der PNV? Es wird beschrieben, inwiefern die PNV sich den Radikalen annäherte und worin der wesentliche Unterschied zwischen beiden Akteursgruppen liegt.

Die Einteilung in gemäßigte und radikale Nationalisten ist mit der veränderten Haltung der PNV hinfällig und führte gleichsam zu einer Spaltung der Gesellschaft, da sich nicht nur in der Partei die Stimmen bezüglich einer Rückkehr zu der gemäßigten Position mehrten, sondern auch innerhalb der Bevölkerung. Dass die Nationalisten trotz der extremen Haltung bei den Wahlen immer noch so viele Stimmen für sich gewinnen können, liegt an der polarisierten Parteienlandschaft. Man kann für die Nationalisten oder für den Zentralstaat stimmen; aufgrund der Franco-Diktatur und der repressiven Verfolgung der ETA ist das Vertrauen in den Staat allerdings geschwächt, weshalb die meisten Menschen die Nationalisten wählen. Der Staat will den baskischen Konflikt mit polizeilichen Mitteln bekämpfen. In der Analyse werden diese Maßnahmen beschrieben und gezeigt, inwiefern sie undemokratisch sind. Diesbezüglich wird geklärt, warum dieses Verhalten für den anhaltenden Erfolg der ETA verantwortlich ist. Darüber hinaus wird nach den Faktoren gesucht, die bislang eine friedliche Einigung verhinderten, und gefragt, ob diese überhaupt möglich ist.

1998 verkündete die ETA einen unbefristeten Waffenstillstand. *Wie kam es dazu und was waren die Ursachen, die ihn zum Scheitern brachten?* Weiterhin wird in dieser Arbeit erörtert, dass die Krise sowohl durch die staatliche als auch durch die nationalistische Seite bedingt ist und warum deshalb von einer Wechselwirkung gesprochen werden muss. Diesbezüglich werden demnach die staatliche und die nationalistische Seite genau beleuchtet.

Wie schon erwähnt, hängt eine Konfliktlösung von der baskischen Gesellschaft ab. Die zivilgesellschaftliche Organisation *Elkarri* setzt sich seit elf Jahren für eine zivile Konfliktbearbeitung im Baskenland ein. Da sie die baskische Situation mit dem Nordirland-Konflikt vergleicht, versucht sie weitestgehend, das nordirische Friedensmodell auf das Baskenland zu übertragen. In der Arbeit werden beide Konflikte miteinander verglichen und untersucht, welche Hürden im Baskenland noch zu überwinden sind, damit das nordirische Modell auch hier erfolgreich sein kann. Unter folgenden drei Arbeitshypothesen wird der „baskische Konflikt" untersucht:

1. Auch wenn insbesondere der baskische Nationalismus den Konflikt auf eine bilaterale Streitigkeit zwischen Staat und der unterdrückten baskischen Region beschränkt, liegt der Grundkonflikt in der baskischen Gesellschaft selbst begründet.

2. Da der Grundkonflikt in der baskischen Gesellschaft zu verorten ist, kann er nicht durch weitere Zugeständnisse des Staates befriedet werden.

3. Die Gewalt der ETA und die Repressionen des Staates bedingen sich gegenseitig, weshalb nur eine Ausschaltung der Gewaltebene ein Ende des Teufelskreises bewirken kann.

Um die formulierten Hypothesen zu untersuchen und die Fragestellungen zu beantworten, hat sich eine Kombination aus mehreren Untersuchungsmethoden als besonders geeignet erwiesen. Damit die deskriptive Analyse ergebnisoffen bleibt, werden normative Vorgaben sparsam eingesetzt. Dennoch werden theoretische und allgemeine Aussagen an gegebener Stelle verwendet. Die Vorgabe von Arbeitshypothesen erweist sich für die zusammenhängende Darstellung der Themen als hilfreich, trotzdem wird wertneutral an diese herangegangen werden.

Anhand der methodologischen Vorgaben wird der „baskische Konflikt" in neun Kapiteln mit einigen Unterpunkten analysiert. Das erste Kapitel befasst sich mit der Nationalismus-Theorie von Hobsbawm. Im zweiten Kapitel wird beschrieben, wie die Basken sich gemeinsam gegen einfallende Völker behaupten konnten und warum daraus bereits eine gemeinsame Identität erwuchs. Das dritte Kapitel beschreibt die Entstehung des klassischen baskischen Nationalismus, wobei gezielt auf seinen Begründer Sabino Arana eingegangen wird.

Im Weiteren soll aufgezeigt werden, inwiefern der baskische Nationalismus in seiner Entwicklung mit der Theorie Hobsbawms übereinstimmt. Das darauf folgende Kapitel bezieht sich auf die von Arana gegründete Partei PNV, wobei auf deren Ziele eingegangen wird. Die Entwicklung nach Aranas Tod wird in diesem Zusammenhang ebenfalls untersucht.

In Kapitel V wird sich mit dem radikalen Nationalismus der ETA auseinandergesetzt. Dabei sollen insbesondere ihre Vorgehensweise, aber auch ihre Ziele und Vorbilder eine Rolle spielen. Kapitel VI stellt alle baskischen Parteien nach Francos Tod dar und zeigt auf, in welchem Verhältnis sie zum Zentralstaat stehen.

Der baskische Autonomieprozess mit all seinen Schwierigkeiten wird in Kapitel VII behandelt. Die diesbezügliche Haltung der politischen Akteure im Baskenland wird untersucht.

Das achte Kapitel beschreibt die Situation im Baskenland und erläutert, warum die Autonomie nicht zu einer Befriedung des Baskenlands führte. Im Schlussteil wird die Tragweite des Konflikts formuliert, außerdem werden Beurteilungen und Lösungsansätze nach dem nordirischen Vorbild vorgestellt. Die genannten Kapitel sollen unter folgenden zentralen Gesichtspunkten behandelt werden: *Was ist der „baskische Konflikt"? Wo liegt er verankert? In welchen Konfliktszenarien spielt er sich ab? Wie kann er nach dem Vorbild des nordirischen Modells gelöst werden?*

Bei der Literaturrecherche traten einige Schwierigkeiten auf. Da Franco jegliche Form des baskischen Nationalismus unterdrückte, existieren kaum politische Werke aus dieser Zeit und falls sie dennoch gefunden wurden, sind sie franquistisch eingefärbt. Nichtspanische Literatur aus dieser Zeit befasst sich ausschließlich mit der Mystifizierung Sabino Aranas. Beiträge über die frühe ETA wurden von der Organisation entweder selbst verfasst oder stammen von ehemaligen Aktivisten. Erst seit Francos Tod 1975 lässt sich die Bemühung um Objektivität in den Werken erkennen. Es bestand vorerst ein geringes Interesse von nichtspanischen Autoren an der baskischen Krise, weshalb ein Großteil der Literatur in Spanisch oder Baskisch verfasst ist. Erst in den letzten Jahren stieg das Interesse für das Baskenland bei englischen und deutschen Wissenschaftlern. Der baskische Konflikt wird auch aus aktueller Sicht betrachtet, deshalb wird mit politikwissenschaftlichen Essays und Zeitschriften sowie journalistischen Artikeln gearbeitet.

I. NATIONALISMUSTHEORIE NACH HOBSBAWM

Der englische Historiker Eric J. Hobsbawm untersucht in seinem 1990 erstmals erschienenen Werk „Nationen und Nationalismus" den politischen Begriff der Nation, der für ihn in seiner modernen Bedeutung nicht älter als 200 Jahre ist. Es ist häufig versucht worden, objektive Kriterien für eine nationale Zugehörigkeit festzulegen oder zu erklären, warum bestimmte Gruppen zu „Nationen" wurden und andere nicht, dabei spielten einzelne Merkmale wie Sprache oder ethnische Zugehörigkeit eine wesentliche Rolle. Außerdem wurde eine Kombination von Merkmalen wie Sprache, gemeinsames Territorium, gemeinsame Geschichte und kulturelle Eigenarten mitberücksichtigt.

Stalins Definition einer Nation[3] basiert auf den oben genannten Eigenschaften, sie ist laut Hobsbawm die bekannteste, aber – wie alle ähnlichen Definitionen, die sich auf solche Merkmale stützen – für ihn unzulänglich:

> „Da nur einige Mitglieder der großen Klasse von Gebilden, die solchen Definitionen genügen, jederzeit als ‚Nationen' beschrieben werden können, sind immer Ausnahmen möglich" (HOBSBAWM 1996: 16).

Diesbezüglich erwähnt Hobsbawm die Existenz menschlicher Gemeinschaften, welche die erwähnten Merkmale aufweisen, aber trotzdem bislang nicht in einer Nation zusammengefasst worden sind. Andererseits beschreibt er eindeutige Nationen, die diese geforderten Merkmale oder die Merkmalskombination nicht aufweisen. Die Kriterien, wie z.B. Sprache oder ethnische Zugehörigkeit, sind seiner Ansicht nach lediglich für programmatische, aber nicht für deskriptive Zwecke dienlich, da sie ihrerseits verschwommen, wandelbar und mehrdeutig sind. Für Hobsbawm ist die Entstehung von Nationen nur in Anlehnung an die seit dem 19. Jahrhundert aufkommende Ideologie des Nationalismus zu verstehen. Er weist darauf hin, dass der Begriff der Nation gegen Ende des 19. Jahr-

---

[3] „Eine Nation ist eine historisch entstandene stabile Gemeinschaft von Menschen, entstanden auf der Grundlage der Gemeinschaft der Sprache, des Territoriums, des Wirtschaftslebens und der sich in der Gemeinschaft der Kultur offenbarenden psychischen Wesensart" (STALIN 1912: 272, zitiert nach HOBSBAWM 1996: 16).

hunderts etlichen Veränderungen und Umgestaltungen unterlegen war. Im Folgenden wird darauf eingegangen, was Hobsbawm genau unter Nationalismus und den daraus resultierenden Nationen versteht.

Der Begriff „Nationalismus" wird von Hobsbawm im Sinne Gellners gebraucht, der ihn als ein politisches Prinzip begreift, das besagt, dass politische und nationale Einheiten deckungsgleich sein sollten. Hobsbawm fügt hinzu, dass dieses Prinzip bedeutete, dass „die politische Pflicht der Fantasier gegenüber dem Gemeinwesen, das die fantastische Nation umfasst und repräsentiert, vor allen übrigen politischen Pflichten und im Extremfall (z.B. in einem Krieg) auch vor allen anderen Verpflichtungen den Vorrang hat" (HOBSBAWM 1996: 20). Durch diese besondere Charakterisierung unterscheidet sich der moderne Nationalismus von anderen weniger anspruchsvollen nationalen Bewegungen.

Hobsbawm begreift die „Nation" nicht als eine ursprüngliche oder unveränderliche soziale Einheit. Seiner Auffassung nach ist sie ausschließlich in eine bestimmte, historisch junge Epoche einzuordnen. In seinem Sinne kann die „Nation" nur als eine gesellschaftliche Einheit gelten, wenn sie sich auf eine bestimmte Form des Territorialstaates, nämlich auf den Nationalstaat bezieht. Ist diese Eigenschaft nicht erfüllt, erscheint es ihm sinnlos, von Nation oder Nationalität zu sprechen. Gellner betont bei der Bildung von Nationen den Einfluss folgender Elemente: das Künstliche, die Erfindung und das *social engineering*. Hobsbawm stimmt diesen Punkten ohne Vorbehalt zu und verstärkt sie mit folgendem Zitat:

> „Daß Nationen als eine natürliche, gottgegebene Art der Klassifizierung von Menschen gelten – als ein politisches Geschick – ist ein Mythos. Der Nationalismus, der manchmal bereits bestehende Kulturen umwandelt, erfindet manchmal Kulturen und vernichtet häufig tatsächlich bestehende Kulturen: Das ist eine Realität." (GELLNER, zitiert nach HOBSBAWM 1996: 21)

Weiterhin gibt Hobsbawm an, dass der Nationalismus vor der Nation stehe und demzufolge Staaten und Nationen erst durch ihn hervorgebracht werden. Die Existenz von Nationen ist nur im Hinblick auf bestimmte Phasen der technischen und wirtschaftlichen Entwicklung zu untersuchen. Somit kann für ihn die „nationale Frage", wie sie schon die Altmarxisten genannt haben, nur in dem

Bereich angesiedelt werden, in dem sich Politik, Technik und sozialer Wandel überschneiden. In diesem Zusammenhang erwähnt er, dass sich nationale Hochsprachen, gesprochene oder geschriebene, erst etablieren konnten, nachdem es Druckerpressen, eine Volksbildung bzw. Volkshochschulen gab. Hobsbawm fasst treffend zusammen:

> „Nationen und die damit zusammenhängenden Phänomene müssen deshalb im Hinblick auf die politischen, technischen, administrativen, wirtschaftlichen und sonstigen Bedingungen und Erfordernisse analysiert werden" (HOBSBAWM 1996: 21).

Daraus schließt er, dass Nationen Doppelphänomene sind, die zum größten Teil von oben konstruiert sind, welche aber nur vor dem Hintergrund der kleinen Leute und deren Bedürfnissen, Sehnsüchten, Hoffnungen und Interessen von unten beleuchtet werden können und so erst richtig verständlich werden. An diesem Punkt kritisiert er Gellner, da er sich bei der Analyse von Nationen allein auf den Blick von oben beschränkt. Hobsbawm ist sich bei dem Blick auf die Nation von unten darüber im Klaren, dass er schwer zu rekonstruieren ist, da die frühe Historikergeneration oftmals versucht war, Leitartikel in Zeitungen mit der öffentlichen Meinung zu verwechseln. Auch wenn noch vieles bei der Erforschung von unten im Ungewissen liegt, ist er sich über Folgendes sicher: Die offiziellen Ideologien von Staaten und Bewegungen können nichts darüber aussagen, was in den Köpfen ihrer Bürger oder Anhänger vorgeht. Weiter ist er der Überzeugung, dass die Identifikation mit der Nation für die meisten Menschen nicht zwangsläufig andere Identifikationen, die ein gesellschaftliches Wissen ausmachen, ausschließen. Tatsächlich verbindet sich die Identifikation mit der Nation mit anderen Identifikationen und wird denen gegenüber als vorrangig empfunden. Als letzten wesentlichen Punkt gibt er an, dass sich eine nationale Identität mit all ihren Ausmaßen innerhalb kürzester Zeit verändern und umwandeln kann. Diese drei Sachverhalte sollten in seinen Augen in der heutigen Nationalismus- und Nationenforschung oberste Priorität genießen.

Im Weiteren kritisiert Hobsbawm, dass die Entwicklung von Nationen und Nationalismen in seit langem bestehenden Staaten wie England und Frankreich

bislang nicht ausreichend untersucht worden ist. Anderseits erwähnt er die au-
ßerordentlichen Fortschritte, die es in der Untersuchung von nationalen Bewegungen, die nach staatlicher Unabhängigkeit streben, in den letzten Jahren gegeben hat. Diese neuen Errungenschaften basieren auf den komparativen Studien über kleine europäische Nationalbewegungen des Gesellschaftswissen-
schaftlers Hroch. Von ihm übernimmt Hobsbawm zwei Thesen:

> „Erstens entwickelt sich ein ‚Nationalbewußtsein' unter den gesellschaftlichen
> Gruppen und den Regionen eines Landes ungleichmäßig; diese regionalen Unter-
> schiede und deren Gründe sind bisher weitgehend vernachlässigt worden" (HOBS-
> BAWM 1996: 23).

Er fügt hinzu, dass unabhängig davon, welche Gesellschaftsschicht zuerst
vom Nationalismus ergriffen werde, die Masse der Bevölkerung, also Arbeiter,
Bauern und Dienstboten, zuletzt von ihm erreicht wird. Dementsprechend
stimmt er zweitens mit Hrochs Aufteilung der Geschichte nationaler Bewegungen in drei Phasen überein, die sich auf Europa im 19. Jahrhundert beziehen.
Die Phase A wird als rein kulturell, literarisch und volkskundlich beschrieben,
daraus ergaben sich aber noch keine politischen oder gar nationalen Folgerun-
gen.

Die Phase B beinhaltet die Anfänge eines politischen Werbens für die „nationale Idee", durch eine Gruppe von Vorkämpfern und militanten Wortführern. In
der Phase C kommt es zu einem enormen Zustrom der Massen, die sich nun als
Repräsentanten des nationalistischen Programms behaupten. Der Übergang von
Phase B zu Phase C wird von Hobsbawm als der wichtigste in der Chronologie
nationaler Bewegungen beschrieben. In Irland war dieser Wechsel vor der Schaffung eines Nationalstaates zu beobachten, in der Regel vollzieht er sich jedoch
erst als Folge dessen oder er bleibt, wie in den Ländern der Dritten Welt, ganz
aus. Abschließend äußert Hobsbawm, dass kein ernsthafter Historiker, der über
Nationen und Nationalismus forscht, ein überzeugter politischer Nationalist sein
dürfe. Er schreibt hierzu: „Nationalismus erfordert zu viel Glauben an etwas, das
offensichtlich in dieser Form nicht existiert" (HOBSBAWM 1996: 24). Um seine
Meinung zu bestärken, zitiert er diesbezüglich Renan, der behauptet, dass es

keine Nation gäbe, die ihre eigene Geschichte nicht gefälscht hätte. Im Folgenden wird die Entstehung des Nationalismus im Baskenland unter Berücksichtigung der Hobsbawmschen Nationalismustheorie analysiert. Vorerst soll jedoch auf die frühe Entwicklung einer nationalen Identität eingegangen werden.

II. DIE ANFÄNGE EINER NATIONALEN IDENTITÄT

1. Die Etablierung der baskischen Identität

Das Gebiet des heutigen Baskenlandes ist seit Menschengedenken durch ein labyrinthisches Berg- und Tal-Relief geprägt. Das gab den baskischen Stämmen einen Schutz nach außen und führte zu einem Zusammenhalt innerhalb des Gebietes. Josef Lang schreibt: „Mit der geografischen Isolierung verfestigte sich die soziale, kulturelle und politische Sonderentwicklung" (LANG 1983: 19). Das baskische Territorium wurde vor dem Einfall der Römer im Jahr 218 v.Chr. von verschiedenen voneinander isolierten Stämmen bewohnt. *Euskara* war die am häufigsten gebrauchte Sprache, ihre zahlreichen Unter-Dialekte wirkten zusätzlich gegen die äußeren Einflüsse. Bei dieser Sprache handelt es sich um die einzig überlebende vorindoeuropäische Sprache, damit ist sie die älteste Sprache Westeuropas.[4] Da das Baskenland wegen seiner Wildheit und Stammeszersplitterung schwer zu regieren war, hatten die Römer kein großes Interesse an diesem Gebiet. Sie besetzten lediglich den südlichen landschaftlich ebenen Teil der beiden Provinzen *Alava* und *Navarra*. Weil diese Regionen nicht nur sehr fruchtbar, sondern auch militärisch leicht zugänglich waren, bauten sie hier Städte und begründeten Latifundien. An dieser Stelle soll Pamplona als die wichtigste und berühmteste Stadt genannt werden, die von Pompejus errichtet worden ist. Hauptsächlich ging es den Römern darum, die Verkehrswege durch die Westpyrenäen sicher und frei zu halten. Durch den geringen Einfluss der Römer auf die Basken konnten deren traditionelle Sozialstrukturen weitgehend erhalten bleiben. Aufgrund des defensiven Verhaltens der Einheimischen kam es kaum zu bewaffneten Auseinandersetzungen; Lang legte dieses Verhältnis wie folgt aus: „Zwischen Basken und Römern herrschte eine Art friedliche Koexistenz" (LANG 1983: 19).

---

[4] Vgl. KASPER 1997: 6

Michael Kasper berichtet in seiner „Baskischen Geschichte" sogar von einer Zusammenarbeit beider Völker.[5]

Im 3. Jahrhundert begann der Zerfall des Römischen Reiches und damit veränderte sich auch die Situation im Baskenland. Die römische Herrschaft wurde durch starke soziale Spannungen, Räuberwesen und Aufstände der Landbevölkerung geschwächt, was zum Kontrollverlust führte. Das bisher freundschaftliche Verhältnis zwischen Basken und Römern wurde nun mehr und mehr von Gewalt geprägt. Die Basken wurden gezwungen, ihre Kräfte zu vereinen und gemeinschaftlich gegen die neue römische Bedrohung zu kämpfen. Hier zeichnete sich eine erste Verbundenheit aller Stämme ab. Um die Basken zurückzuhalten, verstärkten die Römer im 4. Jahrhundert ihr Militär rund um die nicht romanisierten Gebiete. Diese Zeit gilt als die Epoche der Entromanisierung im Baskenland. Das Scheitern der urbanen, römisch-lateinischen Kultur ist für Kasper einer der Hauptgründe für das Überleben und Erstarken der baskischen Kultur.[6] In dieser Zeit löste sich auch die alte Stammesgliederung auf. Der Name des wichtigsten baskischen Stammes, der Vaskonier, wurde von römischen, fränkischen und westgotischen Autoren auf die Gesamtheit der Basken übertragen.

Als die römische Herrschaft im 5. Jahrhundert endgültig zusammenbrach, waren die Basken die einzigen Südeuropäer, die ihr vorromanisches Erbe erhalten hatten. Die folgenden Jahrhunderte waren geprägt durch kriegerische Auseinandersetzungen mit Westgoten, Franken und Arabern. Im Unterschied zu früher verhielten sie sich ihren Feinden gegenüber viel offensiver und resoluter. Unter dem Einfluss der Franken wurde im Norden der erste, allerdings unselbstständige Baskenstaat, das Herzogtum *Vasconia*, gegründet. Unter anderen führte das neu errungene Selbstvertrauen der Basken zu keiner weiteren Unterwerfung, mit Ausnahme des navarrischen Ebrotals, das als einziges Gebiet Anfang des 8. Jh. unter maurische Herrschaft fiel. Abschließend lässt sich festhalten, dass die Basken nach Zerfall des Römischen Reiches ihre Unabhängigkeit sowohl gegen die Araber als auch gegen die Franken und die Westgoten bewahrten. Da-

---

[5] Ebd.: 17
[6] Vgl. KASPER 1997: 23

15

bei blieb die baskische Identität ständig gewahrt, außer im Gebiet der Ribera von *Navarra*. Hier führten sowohl die Romanisierung als auch die Arabisierung zum Verlust der baskischen Prägung. Kasper beschreibt die Folgen dieser Fremdherrschaft mit dem Zitat: „Die Ribera wurde zwar im 12. Jh. definitiv in das Königreich *Navarra* integriert, zu einer Re-Baskisierung kam es jedoch nicht mehr, und bis heute blieb sie das am wenigsten ‚baskische' Gebiet des Baskenlandes" (KASPER 1997: 29).

Im Mittelalter entstanden aus der alten Stammesgesellschaft kleine, durch Blutsbande verbundene Einheiten (*Linajes*). Innerhalb weniger Jahre wuchsen diese zu größeren Machteinheiten (*Bandos*) zusammen. Aufgrund fehlender Autoritäten kam es zwischen ihnen immer wieder zu blutigen Auseinandersetzungen. Erst Mitte des 15. Jahrhunderts, mit zunehmender Städteentwicklung und florierendem Handel, verloren die Bandenkämpfe an Bedeutung. Die *Hermandades*[7] spielten dabei eine wichtige Rolle. Sie wurden vom König von *Bizkaia* organisiert und gezielt zur Bekämpfung der Banden eingesetzt. Letztendlich trugen die königlichen Kräfte dazu bei, dass die Territorien sich als politische Einheiten verstanden. In diesem Zusammenhang entstanden schließlich die ersten Gesetzgebungen. Im nächsten Abschnitt werden die baskischen Sonderrechte erläutert, die sich im Mittelalter durchgesetzt haben.

2. Die baskischen Sonderrechte

Um die im Feudalismus typischen hierarchischen Unterschiede zu überwinden, wurde im Laufe des Spätmittelalters allen Bewohnern des Baskenlandes vom kastilischen König der „Universaladel" (*Hidalguía Universal*) verliehen. Somit waren nun alle Basken unabhängig von Beruf, Ansehen und Vermögen Adlige, die das Recht hatten, Waffen zu tragen, zu fischen, zu jagen, Mühlen anzulegen und das gemeinschaftliche Land zu nutzen. Sie genossen Privilegien, die bislang nur dem wirklichen Adel vorbehalten waren. Außerdem wollte man, laut Josef

---

[7] Zugehörige einer Bruderschaft

Lang, durch das Konzept des Universaladels das konstante Problem der Überbe-
völkerung lösen. Jetzt durften nur noch diejenigen ins Land, die ihre adlige Ab-
stammung beweisen konnten.[8] Einerseits dienten diese Sonderrechte dem
Selbstbewusstsein der damaligen baskischen Bevölkerung, andererseits waren
sie ein bedeutendes nationalistisches Propagandamittel. Dazu schreibt Antje
Helmrich in ihrer baskischen Untersuchung „Nationalismus und Autonomie":
„Für die Nationalisten war die ‚Universale Nobilität' ein wichtiger Bestandteil
der kollektiven Identität" (HELMRICH 2002: 74).

Neben dem Universaladel wurde das politische und wirtschaftliche Leben in
dieser Zeit durch die *Fueros* geprägt. Die *Fueros* waren Sonderrechte, die den
König zur Wahrung der baskischen Bräuche und Gesetze verpflichteten. Dadurch kam es zu einer Machtteilung zwischen der kastilischen Krone und dem
souveränen Volk. Das bedeutete, dass die kastilische Krone keinerlei Rechtsan-
sprüche über den baskischen Boden hatte. Damit konnten das Wirtschaftsleben,
der Militärdienst und die politische Struktur der baskischen Territorien selbst
bestimmt werden. Somit war die Krone nicht berechtigt, Steuern zu erheben.
Helmrich spricht in diesem Zusammenhang von freiwilligen Abgaben, die entrichtet worden sind.[9] Mithin befreiten die *Fueros* die Basken in Friedenszeiten
vom Militärdienst, im Falle eines Krieges wurden sie lediglich zur Verteidigung
des eigenen Territoriums eingesetzt. Einen weiteren Vorteil dieses Sonderrechts
stellte die Zollfreiheit dar. Hiermit konnten sich die Basken im internationalen
Seehandel eine Freihandelszone bewahren.

Auch wenn die baskischen Einwohner durch die *Fueros* ein großes Selbstbestimmungsrecht hatten, kann laut Helmrich nicht von einer absoluten Souveränität ausgegangen werden, hierzu merkt sie folgendes kritisch an:

> „Trotz der symbolischen und auch praktischen Bedeutung der Fueros kann von
> tatsächlicher Souveränität des baskischen Volkes nicht gesprochen werden, zumal
> das Baskenland zu keinem Zeitpunkt seiner Geschichte eine politische Einheit bil-
> dete" (HELMRICH 2002: 76).

---

[8] LANG 1983: 22
[9] Vgl. HELMRICH 2002: 75

Im ausgehenden Mittelalter – mit beginnendem Bedeutungszuwachs der Städte – kam es immer wieder zu Aufständen. Dabei standen sich sowohl die spanische Monarchie, baskische Provinzen als auch einzelne differenzierte Bevölkerungsschichten des Baskenlandes gegenüber. Hauptsächlich handelte es sich um Konflikte zwischen den traditionell katholisch gesinnten Bauern und den liberal eingestellten ersten Industriellen und Großhändlern in den Städten.

Schließlich standen sich im 19. Jh. in zwei erbitterten Kriegen die Karlisten und ihre liberalen Widerstreiter gegenüber. Am 21. Juli 1876, nach Ende des zweiten Krieges, wurden die Fueros endgültig durch ein Gesetzesprojekt des Königs außer Kraft gesetzt. Es sicherte den Basken aber einen besonderen ökonomischen Status, indem die baskischen Provinzen ihre Steuern selbst eintreiben durften. Dass hiervon auch andere politische Bereiche beeinflusst worden sind, wird durch das anschließende Zitat von Helmrich deutlich:

> „Die so genannten Conciertos Económicos (CC.EE.) gingen letztendlich weit über den rein wirtschaftlichen Bereich hinaus und setzten eine Reihe administrativer Praktiken in Gang, von denen insbesondere die lokale Handels- und Finanzoligarchie profitierte" (HELMRICH 2002: 81).

In den nächsten Jahren baute sich die baskische Bourgeoisie ihre eigene Schwerindustrie auf, womit der Zerfall der traditionellen baskischen Gesellschaftsordnung einherging. Als Reaktion auf die vielfältigen Veränderungen, die die Industrialisierung auf das Gesellschaftsleben ausübte, entwickelte sich der „klassische" baskische Nationalismus. Dieser wird im nächsten Kapitel genau analysiert, dabei wird zudem auf die im Zuge dessen entstehenden Parteien eingegangen.

III. DIE ENTSTEHUNG DES „KLASSISCHEN" BASKISCHEN NATIONALISMUS

1. Die baskische Identitätskrise

Der baskische Nationalismus entwickelte sich nicht auf der Grundlage eines gesteigerten Selbstbewusstseins der Region, sondern als Folge einer massiven Strukturumwälzung in den baskischen Provinzen. Der deutsche Soziologe Peter Waldmann schreibt hierzu in seinem Buch „Militanter Nationalismus im Baskenland":

> „Und er wuchs auch nicht allmählich, war nicht Ausdruck einer breiten geistig-kulturellen Strömung, sondern entstand als eine Art Kunstprodukt, war das Werk zunächst nur eines Mannes, der dann allmählich breitere Unterstützung für seine Ideen fand" (WALDMANN 1990: 29).

Mit dieser Annahme stimmt er mit der Nationalismustheorie von Hobsbawm überein, der das Phänomen des Nationalismus ebenfalls als Konstrukt ansieht, das im Hinblick auf einen sozialen Wandel betrachtet werden muss und welches das einfache Volk zuletzt erreicht. Aber was führte zu diesen Entwicklungen?

Die Bevölkerung der baskischen Provinzen bestand bis zu Beginn des 19. Jahrhunderts vorwiegend aus Bauern, Fischern, Hirten und Handwerkern. Seit 1841 begann die baskische Bourgeoisie, Eisenerz in Bizkaia abzubauen und nach England zu exportieren. Die gleichen Schiffe, die das Eisenerz nach England transportierten, kehrten mit Steinkohle beladen zurück. Damit konnten die Großunternehmer unter verbilligten Transportkosten ihre eigene Schwerindustrie aufbauen. Die rapide Industrialisierung führte zu einer enormen sozialen Umwälzung. Mehrere Tausend Arbeiter strömten – hauptsächlich aus Altkastilien – ins Baskenland. Lang gibt an, dass sich die Einwohnerzahl Bilbaos zwischen 1857 und 1900 von 22.662 auf 83.306 erhöhte. Bei Helmrich liest man hierzu, dass das entstehende Industrieproletariat das bisherige Gleichgewicht in den Städten störte und bislang unbekannte soziale Probleme schuf. Im Zuge der

Industrialisierung und Verstädterung des Baskenlandes bildete sich ein kulturel-
ler, städtischer Mittelstand sowie ein im Schatten der Schwerindustrie stehendes
Klein- und Mittelunternehmertum heraus. Beide Klassen fühlten sich mit den
baskischen Traditionen eng verbunden. Die mehrheitlich eingewanderte Arbeiterklasse rückte ins Zentrum der Gesellschaft, an dessen Spitze die vizcaische
Bourgeoisie stand.

Durch das anhaltend hohe Bevölkerungswachstum hat sich die Nachfrage
nach dem knappen, vorwiegend an Pächter vergebenen Land erhöht. Dementsprechend erhöhten sich die Pachtzinsen, die aber nicht mittels eines entsprechenden Mehrgewinns aus der Agrarproduktion ausgeglichen werden konnten,
da die Verkaufspreise für die landwirtschaftlichen Produkte gleichzeitig zurück-
gingen. Somit wurde die Industrialisierung zu einer unüberwindbaren Konkurrenz für das dörfliche Kleingewerbe. Lang äußert in diesem Zusammenhang,
dass die Bauern und Handwerker verarmten und kulturell marginalisiert wurden.[10] Als wesentlichster Punkt ist hier die radikale Unterdrückung der baskischen Sprache zu nennen. Dabei spielten verschiedene Erziehungsmaßnahmen
eine große Rolle, z.B. ließ man an Schulen einen Strafring zirkulieren, der dem
Kind angehängt wurde, das ein *Euskara*-Wort gesprochen hatte. Wer diesen am
Ende der Unterrichtsstunde trug, wurde daraufhin vom Lehrer geschlagen. Die
Folge war eine gegenseitige Überwachung und Unterdrückung.

Die industrielle Gesellschaft war vielen baskischen Einwohnern so fremd,
dass viele von ihnen es vorzogen, nach Amerika auszuwandern. Peter Waldmann
beschreibt die neu entstandene Gesellschaft wie folgt:

> „Brachte die Industrialisierung auf der untersten Stufe der sich formierenden hie-
> rarchischen Schichtungspyramide ein Industrieproletariat hervor, das weder Ver-
> ständnis noch Interesse für die gewachsene Eigenart des baskischen Volkes und
> dessen Kultur zeigte, so ließ sie an der Spitze dieser Pyramide eine kleine Gruppe
> von Großunternehmern entstehen, die sich ebenfalls nicht mit der Region identifi-
> zierte, sondern in großräumigen Kategorien dachte und plante" (WALDMANN 1990:
> 31).

---

[10] Vgl. LANG 1983: 27

Im Zuge der Industrialisierung versuchten die Großunternehmer ihren Einfluss auf das gesamte Spanien durch Gründung von Zweigniederlassungen und Tochterfirmen geltend zu machen. Außerdem führten sie erstmals in Spanien die Aktiengesellschaft als Form der Kapitalaufbringung ein. Die baskischen Banken erwiesen sich als besonders expansionsfreudig und zählen noch heute zu den mächtigsten. Die monopolistische Handelsbourgeoisie begann sich in dieser Zeit politisch mehr an Madrid zu orientieren, gleichzeitig pochte die nichtmonopolitische städtische Bourgeoisie, die zusammen mit den Mittelschichten eine bedeutende Rolle bei dem Entstehungsprozess des Nationalismus spielte, stärker auf die Wahrung regionaler Eigenständigkeit. Zur Zeit der Industrialisierung entstanden mehrere politische Gruppierungen und Parteien. So wurde noch vor den Parlamentswahlen 1879 die Baskische-Navarrische Union (*Unión Vasco-Navarra*) gegründet. Sie forderte die „Einheit aller Basken zur Rückeroberung der Autonomie" sowie die Isolierung der baskischen von der spanischen Politik.[11] Bei den Wahlen konnte sie sich allerdings nicht durchsetzen. 1879 wurde außerdem die Spanische Sozialistische Arbeiterpartei ins Leben gerufen, an deren Gewerkschaft (UGT) sich viele baskische Industriearbeiter anschlossen. Helmrich äußert hierzu: „In den Augen vieler Basken blieb der Sozialismus noch bis in die zwanziger Jahre hinein eine fremde, nicht-baskische Kraft" (HELMRICH 2002: 84). Um die baskische Sprache, Geschichte und Kultur zu verbreiten, etablierten sich vermehrt Zeitschriften und Kulturvereinigungen.

Als Prä-Nationalismus bezeichnet Michael Kasper die Unruhen, die 1893 in Donostia (San Sebastian) ausbrachen.[12] Diese fanden statt, weil nach einem Konzert das städtische Orchester nicht wie üblich das baskische Lied „*Gernikado Arbola*" („Baum von Gernika") anstimmte, was für die Basken eine Art Hymne auf das Foralwesen war. Daraufhin entwickelte sich ein spontaner Protest, der zu Straßenkämpfen ausartete und viele Verletzte und drei Todesopfer forderte.[13] Der eigentliche baskische Nationalismus, der als Reaktion auf die vielfältigen

---

[11] Vgl. HELMRICH 2002: 83
[12] Vgl. KASPER 1997: 127
[13] Ebd.: 127

geschilderten ethnischen Bedrohungen entstanden ist, geht auf das Werk von Sabino Arana Goiri zurück, der nur allmählich Anhänger für seine Ideologie fand.[14] Auf ihn und sein Lebenswerk wird im Folgenden genauer eingegangen.

2. Sabino de Arana

2.1 Sein Leben und Werk

Sabino Arana Goiri wurde am 20. Januar 1865 als Sohn einer karlistischen Schiffbauerfamilie in Abando (*Bizkaia*) geboren. Mit 17 Jahren begann er, sich zusammen mit seinem Bruder Luis mit der baskischen Geschichte zu befassen und *Euskara* zu lernen. Zur Zeit seines Jurastudiums veröffentlichte er 1886 die Zeitschrift *Euskal Herria*. Helmrich bewertet sie als „seine erste, von konfusen pränationalistischen Ideen geprägte ‚baskische Studie'" (HELMRICH 2002: 84). Sie äußert weiter, dass schon damals die schmale, einseitige wissenschaftliche Basis Aranas genauso auffiel wie seine Religiosität.[15] Arana gab in diesen Jahren eine Grammatik der baskischen Sprache heraus und bewarb sich um die Leitung des Lehrstuhls für baskische Sprache an der Universität in Barcelona, eine Unternehmung, die allerdings erfolglos blieb. „*Bizkaia por su independencia*" von 1892 war sein erstes wichtiges politisches Pamphlet. Dies hatte nach seiner eigenen Aussage die „richtige Darstellung der wahren, glorreichen Geschichte Bizkaias" zum Ziel. Arana betonte hier die ursprüngliche Unabhängigkeit der Provinz und verurteilte die spanische Invasion.

Den Hauptinhalt seiner Ideologie stellte er erstmals 1893 in seiner berühmt gewordenen „Rede von Larrazábal" vor. In ihr prangerte er die Unterdrückung und Ausbeutung *Bizkaia*s an und kritisierte alle bestehenden Parteien, zudem forderte er die Basken zu einem besseren Geschichtsbewusstsein auf. Sein politisches Credo fand laut Helmrich Ausdruck im Motto „Gott und die alten Geset-

---

[14] WALDMANN 1990: 32
[15] Vgl. HELMRICH 2002: 84

ze"[16], dies wurde zudem zum späteren Leitspruch der Nationalisten. Kurze Zeit später wurde von ihm die Zeitung *Bizkaitarra* gegründet, sie diente der Verbreitung des nationalistischen Gedankenguts. Überdies rief er seinen eigenen Verlag ins Leben, der ebenfalls eine Reihe nationalistischer Schriften veröffentlichte. Es ist nun zu klären, worauf sich Aranas Ideologie genau stützte und inwiefern er Anhänger für diese gewinnen konnte.

2.2 Die Ideologie

Die Ideologie von Arana baut im Gegensatz zum Karlismus auf die sozioökonomischen Veränderungen der Industrialisierung auf, die zu einer Zerstörung der traditionellen Lebensformen führte. Da Aranas Nationalismus die baskische Rasse, die Religion, die Geschichte, die *Fueros* und die Sprache als wesentliche Elemente thematisierte, galten gerade die nicht-baskischen Einwohner als Sündenbock, da sie laut Kasper tatsächlich eine Veränderung der Sprache[17] bzw. der Lebensbedingungen verursachten. In Aranas Umfeld wurden die Spanier, ableitend von dem baskischen Begriff, abschätzig als Maketos bezeichnet. Spanier wurden als geduldete Ausländer betrachtet, die man nicht in die Gemeinschaft integrierte. Bei Helmrich liest man: „Aranas Nationskonzept war weder kulturell noch ethnografisch, sondern in erster Linie durch den Gedanken geprägt, die „Besonderheit" und Reinheit der baskischen Rasse hebe sie moralisch und spirituell gegenüber den verachteten Spaniern hervor" (HELMRICH 2002: 85). Sie schreibt weiter, dass der Politologe J. Corcuera in Aranas Schriften deutlich offensiv-rassistische Merkmale erkannte.[18] Da Arana seinen Nationalismus hauptsächlich auf die Religion stützte, betrachtete er die Christianisierung des baskischen Volkes als Endziel seiner Mission. In seinen Augen war diese aber nur durch die völlige Loslösung von Spanien zu erreichen. Trotzdem lehnte er den Gottesstaat ab, indem er die Trennung von Kirche und Staat forderte. Er beharr-

---

[16] Ebd.: 85
[17] Vgl. KASPER 1997: 127
[18] Vgl. HELMRICH 2002: 85

te auf eine Rückkehr zu der alten traditionellen Lebensweise, die durch die alten Sonderrechte, die *Fueros*, gestützt wird. Erstmals schlug er eine Föderation der sieben baskischen Territorien vor, die sich voll und ganz vom spanischen als auch vom französischen Staat distanzieren und sich souverän selbst verwalten sollten. Hiermit gilt Arana als „Entdecker" der baskischen Nationalität und als Begründer des baskischen Nationalismus, da er die baskischen Provinzen das erste Mal in der Geschichte als einheitliches Gebilde begriff.[19] Diesen Gedanken schrieb er in einem seiner Hauptwerke „*El Partido Carlista y los Fueros Vasco-Navarros*" nieder.

Die Nationalisten wollten den Basken ihre eigene Vergangenheit näher bringen, dabei sind aber nur die Themen aufgegriffen worden, die zur Rechtfertigung der Ideologie dienten. Helmrich drückt dieses Phänomen wie folgt aus: „Allerdings zeigte Arana wenig Interesse am ernsthaften Studium der Geschichte, sondern schöpfte nur partiell und einseitig zur Untermauerung seiner ideologischen Ausführungen aus der ‚historischen Reserve'" (HELMRICH 2002: 86). Sie äußert weiter, dass es ihm eher um eine Interpretation als um eine wissenschaftliche neutrale Darstellung der baskischen Geschichte ging. Mit dieser Meinung stimmt sie mit Hobsbawm überein, der bei der Entstehung von nationalistischen Bewegungen das Element des Künstlichen betont.

Arana forderte nachdrücklich die Führung und Erziehung des baskischen Volkes durch die Nationalisten, nur sie konnten seiner Auffassung nach alle Probleme des Baskenlandes lösen und die verhassten Spanier vertreiben. Den anderen politischen Strömungen seiner Zeit stand er skeptisch gegenüber. So machte er z.B. den Kapitalismus für die Ausbeutung und Habgier im Baskenland verantwortlich. Zudem hätte erst der Kapitalismus die Fremden angezogen, womit sich gleichzeitig der Sozialismus etablieren konnte. In ihm sah er antichristliche Elemente und „ein Instrument zur Korrumpierung der Basken".[20]

Laut Helmrich interessierte sich Arana nicht ernsthaft für die Belange der Landbewohner, obwohl er in seinen Schriften den Mythos des reinen, freien,

---

[19] Ebd.: 86
[20] Ebd.: 87

überlegenen baskischen Landbewohners aufrecht hielt.[21] Waldmann stimmt mit dieser These überein, indem er behauptet:

> „Denn die Vereinigung aller baskischen Provinzen zu einem föderativen Gebilde, die er sich zum Ziel setzte, musste zwangsläufig die Eigenständigkeit der kleinen dörflichen Gemeinschaften untergraben, deren Gebräuche, Rechte und Lebensstil er zu schützen vorgab" (WALDMANN 1990: 34).

Somit sieht Waldmann in dem Anspruch der Ideologie, für alle gültig zu sein, den Hauptwiderspruch der nationalistischen Bewegung.

Die Sprache gewann in Anbetracht der hohen Einwanderungszahlen gegen Ende des 19. Jahrhunderts immer mehr an Bedeutung, sodass die Nationalisten sich berufen sahen, sie vor dem Aussterben zu bewahren. Einerseits diente die eigene Sprache den Nationalisten zur Bewahrung der eigenen Identität, anderseits verhalf sie zur Abgrenzung gegenüber den verabscheuten Spaniern. Arana untersagte den sogenannten Ausländern das Erlernen und Verwenden des *Euskaras*. Damit galt die Sprache als Instrument der Rassentrennung. Arana kam es besonders darauf an, die Sprache rein zu halten, weshalb er veranlasste alle Worte fremden Ursprungs aus dem Wortschatz zu streichen und durch Wortneuschöpfungen zu ersetzen. Dabei kam es unter anderem zur Erfindung des Begriffs „Euskadi", der sich als Bezeichnung für das Baskenland bis heute durchgesetzt hat. Außerdem erfand er die baskische Fahne, die sogenannte *Ikurriña*, und verbreitete die baskische Hymne „*Gora ta gora*", die noch heute das Loblied der autonomen Region ist.

Aranas Bewegung sprach zunächst nur wenig Intellektuelle an, eine große Anhängerschaft blieb zunächst aus. Die von ihm gegründete Partei (PNV) konnte sich nicht gegen die traditionellen, gesamtspanisch orientierten konservativen und liberalen Parteien durchsetzen. Nur allmählich konnte sie die Gesellschaftsschichten für sich gewinnen, die sich in zunehmendem Maße von der Industrialisierung bedroht fühlten. Dazu gehörte das mittlere lokale Bürgertum, die Kleinbourgeoisie (Handwerker, Angestellte, Kaufleute) sowie die Bauern, Fischer und

---

[21] Ebd.

selbstständigen Arbeiter.[22] Diese Entwicklung spiegelt die Nationalismustheorie Hobsbawms wider, die angibt, dass egal, welche Gesellschaftsschicht vom Nationalismus ergriffen wird, die Masse der Bevölkerung, also Arbeiter und Bauern, zuletzt von ihr erreicht wird (siehe auch S.17). Waldmann begründet die zögernde Einflussnahme wie folgt:

> „Die langsame Verbreitung der Vorstellungen Aranas hängt nicht zuletzt mit einer gewissen Inkohärenz der von ihm vertretenden Prinzipien und deren evidenten Widerspruch zu manifesten Zügen der baskischen Realität um die Jahrhundertwende zusammen" (WALDMANN 1990: 33).

Für ihn ist der von Arana begründete Nationalismus und dessen Forderungen tatsächlich nur eine Ideologie, da etwas progressiv angestrebt wurde, was unwiderruflich der Vergangenheit angehörte.[23] Da die nationalistische Partei (PNV) aber das Baskenland seit mehr als 23 Jahren regiert und somit die wichtigste politische Kraft darstellt, wird explizit auf sie eingegangen und aufgezeigt, mit welchen Mitteln und Handlungsweisen sie sich langfristig durchsetzen konnte.

---

[22] Vgl. WALDMANN 1990: 35
[23] Ebd.: 34

IV. PARTIDO NACIONALISTA VASCO – EUSKO ALDERDI JELTZALEA (PNV-EAJ)

1. Die Parteigründung und die ersten Jahre

Da sich die Parteigründung stufenweise vollzog, kann kein exaktes Gründungsdatum angegeben werden. Nach der Herausgabe der ersten nationalistischen Zeitung *Bizkaitarra* im Jahre 1893 gründete Arana im folgenden Jahr die parteiähnlich strukturierte Freizeitgesellschaft *Euzkeldun Batzokija* (EB). Sie gilt als die erste Keimzelle der zukünftigen PNV. Es blieb vorerst bei einer kleinen Organisation, da Arana auf ideologische Reinheit beharrte und strenge Aufnahmeverfahren durchsetzte. Zudem konnte sie aufgrund der repressiven Politik des spanischen Staates nur geheim agieren.

Der EB weigerte sich bis 1898, politische Allianzen einzugehen oder sich an spanischen Wahlen zu beteiligen, weil er sich als konfessionell und antispanisch verstand. Bevor er von den spanischen Behörden verboten wurde, gründete Arana am 31. Juli 1895 den eindeutig politisch ausgerichteten Zweig „*Bizkai Buru Batzar*" (BBB). Dieser wurde als „Oberster Regionalrat zur Behandlung und zum Verständnis aller Angelegenheiten des vizcainischen Nationalismus" (HELMRICH 2002: 88) definiert. Das Führungskomitee wurde vorrangig durch die Verlierer der Industrialisierung besetzt.

1898 gewann im Rahmen der allgemeinen politischen und wirtschaftlichen Krise der baskische Nationalismus immer mehr Anhänger, die sich mit der industriellen Bourgeoisie verbunden fühlten und als *Euskalerriakos* bezeichnet wurden. Bald darauf war man dazu bereit, sich an künftigen Wahlen zu beteiligen. Aranas politischer Aktionismus war nicht zu stoppen und so gründete er schon bald eine neue Organisation: das Baskische Zentrum (Centro Vasco), welche am 4. November 1898 erstmals offiziell vorgestellt wurde. Arana vermied aus Angst vor dem sofortigen Verbot eine eindeutige nationalistische Ausrichtung und stellte sie als lediglich baskisch und katholisch vor. Auch hier wurde die Leitung von den *Euskalerriakos* übernommen, die sich für die Mäßigung der politischen Ziele einsetzte. Helmrich äußert, dass sich Arana „unter der Einbeziehung regionalistischer Ideen eine aktivere, öffentlichkeitswirksame Verbreitung nationalistischer Inhalte erhoffte" (HELMRICH 2002: 89).

Kurze Zeit nach Gründung der Organisation begann man in den nationalistischen Kreisen, das neue Organ als *Partido Nacionalista Vasco* zu bezeichnen, ohne dass es eine offizielle Parteigründung gegeben hatte. Innerhalb der Partei kam es allerdings nicht zu einer endgültigen Einigung der unterschiedlichen Lager. Noch im selben Jahr ließ sich Arana für die Provinzwahlen in *Bizkaia* aufstellen, bei denen er schließlich gewählt wurde. Nun konnte er seine parlamentarischen Auftritte zur Verbreitung der nationalistischen Ideologie nutzen. Einige Jahre nach den ersten Erfolgen der Partei erkannte die spanische Regierung die Gefahr, die der baskische Nationalismus für den Einheitsstaat darstellte. So kam es im Mai 1902 zur Verhaftung Sabino Aranas, nachdem er dem US-Präsidenten Roosevelt telegraphisch zur Unabhängigkeit Kubas gratuliert hatte und dies als Vorbild für das Baskenland darstellte. Bald darauf wurden auch die zehn nationalistischen Stadtverordneten erst schikaniert und schließlich aus dem Stadtrat ausgeschlossen.

In Anbetracht dieses Ereignisses entwickelte Arana im Gefängnis, in welchem er noch bis November 1902 verbleiben musste, ein Konzept einer nicht-nationalistischen, nicht-separatistischen Partei, die er „Liga spanischer Basken" nannte. Dieses Modell baute auf einen Wechsel der ursprünglichen politischen Strategie: Hier sollte der spanische Konstitutionalismus anerkannt werden und aus dieser juristisch einwandfreien Position heraus für die Autonomie innerhalb Spaniens gekämpft werden. Die Partei konnte allerdings keine ernsthafte politische Aktivität entfalten.

In dieser Zeit erkannte Arana die Realität der Industrialisierung nicht nur an, sondern nutzte sie zur Hervorhebung besonderer baskischer Fähigkeiten für seine Zwecke aus. Corcuera bezeichnet diese neue Argumentationsform als „kuriose Mischung antikapitalistisch-traditionalistischer und bürgerlichindustrieller Elemente" (CORCUERA, zitiert nach HELMRICH 2002: 90).

Die modifizierte Doktrin war innerhalb der PNV sehr umstritten und wurde nach Aranas unerwartet frühem Tod am 25. November 1903 nicht weiterentwickelt. Seine frühen radikalen Ansätze bildeten die Basis des baskischen Nationalismus. Auch wenn ab sofort laut Kasper eine „regionalistische Realpolitik" (KASPER 1997: 130) mit dem Nahziel der Autonomie verfolgt wurde, um eine erneute Konfrontation mit dem spanischen Staat zu vermeiden, hat man das Fernziel eines separatistischen Baskenlandes nie aus den Augen verloren.

Im zweiten Jahrzehnt des 20. Jahrhunderts griff der Nationalismus auch auf die baskisch stämmige Industriearbeiterschaft über, ausgeschlossen waren allerdings die eingewanderte Arbeiterschaft und die spanisch orientierte Industrieoligarchie. Damit entspricht die Entwicklung des baskischen Nationalismus dem theoretischen Modell von Miroslav Hroch, der davon ausgeht, dass nationalistische Bewegungen in der C-Phase zu klassenverbindenden Massenbewegungen werden.

2. Die Partei nach Aranas Tod

Nach Aranas Tod 1903 kam es laut Helmrich zu einer Machtleere innerhalb der Partei, die erst Jahre später überwunden werden konnte. Angel Zabala behauptete sich zunächst als Nachfolger Aranas, sein pro-aranistischer Kurs löste jedoch heftigen Widerstreit zwischen den Parteimitgliedern aus. Infolge dessen kam es 1906 zur Aufspaltung in zwei Strömungen, das radikale Lager auf der einen und das gemäßigte Lager auf der anderen Seite. Luis Aranas Bruder, der bald die Führung übernahm, kombinierte die Hauptinhalte des ursprünglichen Aranismus mit neuen, modernen Gesichtspunkten und vermied somit die Auflösung der Partei.

1911 gründete die PNV ihre eigene Gewerkschaft, die SOV (Solidarität baskischer Arbeiter). Im Zuge der Madrider Säkularisierungspolitik spaltete die Partei sich erneut, da sich nur ein kleiner Teil an Protestaktionen beteiligte. Dieser

Flügel nannte sich später *Comunión Nacinalista Vasca* (CNV). Der andere Teil, die sogenannte Aberri-Gruppe, orientierte sich an laizistischen Ideen und gründete 1921, nachdem die letzten Einigungsversuche scheiterten, eine neue, auf den reinen Sabinianismus gestützte PNV.

1923 übernahm der Diktator Primo de Rivera mit dem Einverständnis des Königs Alfons XIII. die Macht über Spanien. Der neue Regierungschef sah im Separatismus die größte Gefahr für die spanische Nation und verbot sämtliche PNV-Aktivitäten, während allerdings die Kulturarbeit der CNV toleriert wurde. 1930 machten sich die Anzeichen der Weltwirtschaftskrise auch in Spanien bemerkbar, womit gleichzeitig die Diktatur ins Wanken geriet.

Nach dem Ende der Diktatur fühlten sich die Nationalisten aufgrund der allgemeinen politischen Unsicherheit gezwungen, ihre Kräfte zu konzentrieren und zu kanalisieren. Da die Diktatur die ideologischen Differenzen allmählich abgeschwächt hatte, war man nun bereit, sich wieder zu vereinigen. Am 30. April 1930 gelangte man zu einer Übereinstimmung beider Seiten. Als Partei-Programm wurden die sabinianische Doktrin, die Bezeichnung sowie die Organisationsstrukturen aus dem Jahr 1914 übernommen. Am Tag des Zusammenschlusses spaltete sich jedoch ein Teil von der Basis ab und gründete unter dem Namen *Acción Nacionalista Vasco* (ANV) eine neue Partei. Sie wollte sich für die Belange der nicht-baskischen Arbeiter und deren Integration in die Gesellschaft einsetzen.

Nach der Proklamation der Republik im Jahre 1931 wurde ein Autonomie-Projekt erarbeitet, welches allerdings schon bald scheiterte. Nach dieser Niederlage ging die PNV zu einer realistischen Politik über und beschloss, in Zukunft Allianzen mit republikanischen Kräften einzugehen.

3. Die baskische Autonomie

1936 wurden der republikanischen Regierung Putschpläne bekannt, die das Ziel beinhalteten, die Republik zu beseitigen. Da die PNV in engem Kontakt zu den Putschisten stand, erhoffte sich die Regierung durch Zugeständnisse eine Zusammenarbeit mit den Nationalisten. Demzufolge wurde am 1. Oktober vom Parlament in Madrid das lang ersehnte Autonomie-Statut angenommen. So wurden den baskischen Organen zahlreiche Kompetenzen zugesprochen, die folgende Bereiche betrafen: die Gestaltung der inneren Verfassung, das Wahlrecht, Kommunikation, Agrarpolitik, Gesundheitswesen, Zivil- und Verwaltungsrecht. Die Wiedereinsetzung der *Fueros* wurde darin nicht thematisiert. Außerdem wurde dem spanischen Parlament vorbehalten, zu jeder Zeit Änderungen auch gegen den Willen der baskischen Bevölkerung durchzuführen. Ferner wurden in dem Statut nur Exekutive und Legislative ausdrücklich erwähnt, während die Gerichtsbarkeit nicht berücksichtigt wurde. Es beinhaltete zudem detaillierte Übergangsbestimmungen für die Zeit des Bürgerkriegs, der noch im selben Jahr ausbrach.

Einen Tag nach der Veröffentlichung wurde die neue baskische Regierung bekannt gegeben, die sich aus verschiedenen politischen Kräften zusammensetzte und dessen oberster Präsident das PNV-Mitglied José Antonio Aguirre war.

General Franco, der am 1. Oktober 1936 zum neuen Staatschef ausgerufen wurde[24], gilt als der große Gewinner des Bürgerkrieges. Nachdem im Juli 1937 Bilbao gefallen war, floh die baskische Regierung ins Exil nach Frankreich. Damit war der Krieg verloren. Entgegen den Madrider Anweisungen zerstörten die baskischen Truppen nur die Brücke über dem Nervión, um das Vorrücken der feindlichen Truppen zu verhindern, aber nicht die Industrieanlagen in Bilbao, die Franco später mit zu seinem Sieg verhalfen. Manuel Azaña, der Präsident der spanischen Republik, kritisierte dieses Vorgehen mit folgenden Worten: „Die Na-

---

[24] Vgl. VILAR 2001: 95

tionalisten kämpfen nicht für die Sache der Republik und nicht für die Sache Spaniens, die sie hassen, sondern nur für ihre Autonomie und halbe Unabhängigkeit" (AZAÑA, zitiert nach KASPER 1997: 160).

In der Franco-Ära verlor die PNV zunehmend an Bedeutung. Die Partei erhoffte sich durch die Mobilisierung der Jugend, die unter Franco aufwuchs, eine Erneuerung des Widerstands. In diesem Zusammenhang entstand 1959 eine neue nationalistische Gruppe, die sich *Euskadi ta Askatasuna* (Baskenland und Freiheit), kurz ETA nannte. Diese Gruppe forderte einen stärkeren Aktionismus und prägt bis heute mit terroristischen Anschlägen, die sie zur Durchsetzung ihrer Ziele einsetzen, die spanische Gesellschaft. Im nächsten Kapitel werden ihre Entstehung und ihre ideologischen Grundsätze näher beleuchtet. Dabei wird zunächst auf einige Terrorismus-Theorien eingegangen.

V. DER RADIKALE BASKISCHE NATIONALISMUS: EUSKADI TA ASKATASUNA (ETA)

1. Terrorismus-Theorien

Peter Waldmann definiert Terrorismus als planmäßige, schockierende Gewaltanschläge aus dem Untergrund, die sich gegen eine politische Ordnung richten. Einerseits sollen sie seiner Ansicht nach Unsicherheit und Schrecken erzeugen, andererseits sollen sie Sympathien und Unterstützungskraft wecken. Waldmann gibt an, dass Terrorismus die bevorzugte Gewaltstrategie relativ schwacher Gruppen ist, die nicht stark genug sind, um ein Stück des nationalen Territoriums militärisch zu besetzen und sich offen gegen die Staatsmacht aufzulehnen. Hierin unterscheidet sich der Terrorismus erheblich vom Begriff der Guerilla, der sich auf größere Gruppen bewaffneter Individuen bezieht, die als militärische Einheit operieren, feindliche militärische Kräfte angreifen und bestimmte Gebiete besetzen.

Laut Waldmann handelt es sich bei Terrorismus um eine Verlegenheitsstrategie mangels alternativer Möglichkeiten eines öffentlichen Widersetzens. Die brutale Vorgehensweise und der damit verbundene Schockeffekt sind für ihn kein zufälliges Merkmal, sondern vielmehr zentraler Bestandteil terroristischer Logistik und Strategie. Der Kern von Waldmanns Terrorismus-Definition wird durch folgendes Zitat deutlich:

> „Dem Terroristen geht es nicht um den eigentlichen Zerstörungseffekt seiner Aktion. Diese sind nur ein Mittel, eine Art Signal, um einer Vielzahl von Menschen etwas mitzuteilen. Terrorismus, das gilt es festzuhalten, ist primär eine Kommunikationsstrategie" (WALDMANN 1998: 12).

Diesbezüglich gibt Waldmann an, dass es in erster Linie darum geht, das Vertrauen in den Staat und in den Bürgerschutz zu untergraben. Weiter soll durch die Gewaltbotschaften Schadenfreude bei einem Teil der Bevölkerung ausgelöst werden und diesen animieren, die Terrororganisationen zu unterstützen.

Nach der Meinung der amerikanischen Wissenschaftlerin Martha Crenshaw geht es dem Terrorismus nicht um die materielle Vernichtung eines Feindes, sondern vielmehr um die symbolische und psychologische Manipulation politischer Meinungen.

Bruce Hoffman betrachtet Terrorismus als Phänomen, das darauf ausgerichtet ist, Macht zu schaffen, wo es keine Macht gibt, oder Macht zu konsolidieren. Anke Helmrich weist darauf hin, dass bei der Herausbildung einer terroristischen Subkultur mehrere Entwicklungsstadien durchlaufen werden. Als erste beschreibt sie die Propagandaphase, in ihr werden die bestehende Gesellschaft kritisiert und Alternativmöglichkeiten für die Staatsform aufgezeigt. Auf diese erste Vorstufe folge gezielte Sachbeschädigung und die Tötung von Menschen, letztlich werde systematischer Terror gegen Personengruppen oder -kategorien ausgeübt. Somit kann es gänzlich Unschuldige treffen, die zu einer bestimmten Gruppe zählen, die zur Zielscheibe der Gewalt geworden ist.

Bruce Hoffman geht davon aus, dass nur durch die Verbreitung der Nachrichten über terroristische Handlungen unter einem möglichst breiten Publikum die maximale Hebelwirkung zur Durchsetzung politischer Ziele erzeugt wird.[25] Seiner Meinung nach erweisen sich ethnisch-nationalistische oder separatistische Gruppierungen als besonders dauerhaft. Relativ mühelos fänden sie Unterstützung durch bereits vorhandene nationale Gruppen. Außerdem liegt seiner Ansicht nach bei ethnisch-nationalistischen oder separatistischen Gruppen das am klarsten formulierte Ziel vor, das für Anhänger und Sympathisanten durchaus vorstellbar und erreichbar erscheint.

Im Folgenden wird nun auf die Entstehung der ETA und ihre Entwicklung eingegangen. Hierbei soll herausgestellt werden, inwiefern die oben beschriebenen Terrorismus-Theorien auf diese separatistische Gruppe zutreffen.

---

[25] HOFFMAN 1999: 173

2. Von der Entstehung bis zur Aufspaltung

Die PNV wollte in der Nachkriegszeit die baskische Jugend an sich binden, um sie nicht an andere Organisationen zu verlieren. Aus diesem Grund wurde im Dezember 1945 die Exilvereinigung *Euzko Gaztedi* (baskische Jugend, EG) gegründet. An der Jesuiten-Universität von Deusto bildeten sich 1952 Studien- und Diskussionszirkel, die sich hauptsächlich mit der baskischen Geschichte beschäftigten. Aus diesen Foren entwickelte sich mit der Zeit die Organisation EKIN (Aktion). Diese Gruppe forderte von den Nationalisten einen stärkeren Aktionismus, wobei sich nachdrücklicher für die Erhaltung der baskischen Sprache und Kultur eingesetzt werden sollte. Vor allem kritisierte EKIN die Nationalisten, die sich mit der Franco-Diktatur abgefunden hatten und sogar wirtschaftlich von ihr profitierten.

1956 schlossen sich die beiden Jugendorganisationen EG und EKIN zusammen. Von Anfang an herrschte ein gespaltenes Klima, da man der Mutterpartei differenziert gegenüber stand. EKIN war immer zu Kritik an der PNV bereit, womit man die Partei zu mehr Aktionismus mobilisieren wollte, dahingegen begegnete die EG den Alten mit Respekt. Die unterschiedlichen Einstellungen führten letztlich 1958, nach nur zwei Jahren Zusammenarbeit, zur Trennung der Vereinigung. Schließlich nahmen die EKIN-Mitglieder am 31. Juli 1959 den Namen ETA (*Euskadi ta Askatasuna* – Baskenland und Freiheit) an und entwickelten ihre eigene Strategie. Kasper fasst diese folgendermaßen zusammen: „Durch den bewaffneten Kampf sollte ein souveräner baskischer Staat entstehen, der sich aus den sieben historischen Territorien zusammensetzen sollte" (KASPER 1997: 175).

Das besondere Interesse der ETA galt der baskischen Geschichte sowie der Neuinterpretation der Klassiker des baskischen Nationalismus. Der baskische Soziologe Jáuregui spricht in diesem Zusammenhang von der „Wiederentdeckung des originären Sabinianismus" (JÁUREGUI, zitiert nach HELMRICH 2002: 122). Auch wenn die ETA dem traditionellen Nationalismus skeptisch gegenüberstand, veränderte sie deren ideologischen Grundwerte kaum. Sie verehrten besonders den Urvater des baskischen Nationalismus, Sabino Arana, und sahen sich als Retter seiner Ideen. Die von ihm propagierte Unabhängigkeit übernahmen sie als zentrale Zielsetzung, wobei die Autonomie nur als vorübergehende Zwischenlösung akzeptiert wurde. Im Gegensatz zum alten Nationalismus, der die baskische Identität über die Rasse definierte, betonte die ETA die sprachliche Zugehörigkeit.

Da Spanien als Hauptschuldiger für den katastrophalen Zustand des Baskenlandes angesehen wurde, sind Verhandlungen mit Madrid strikt abgelehnt worden. Ab 1961 erschien regelmäßig die Publikation *Zutik*, die sich im Laufe der Zeit als Hauptorgan zur Verbreitung ihrer Ideologie entwickelte. Im selben Jahr beging die ETA ihren ersten Sabotageakt, bis dahin beschränkte sie sich auf Wandmalereien, Verteilung von Propaganda und das Zeigen der verbotenen baskischen Fahne, *Ikurriña*. Die Organisation versuchte, einen Zug mit franquistischen Kriegsveteranen entgleisen zu lassen. Diese Aktion schlug fehl und führte zur Verhaftung zahlreicher *Etarras* (ETA-Mitglieder).

In den nächsten Jahren wandte sich die ETA verstärkt sozialistischen Positionen zu, dabei orientierten sie sich an Kuba und Algerien, die anscheinend bewiesen, dass Nationalismus und Sozialismus miteinander zu vereinen waren. Die Strategie der dortigen Befreiungsbewegungen, die auf einer Spirale der Gewalt basierte, wurde kopiert. Nach dieser soll der Staat durch Attentate auf Sicherheitskräfte zu repressiven Maßnahmen gezwungen werden, da er die Täter aber nicht kennt, wird er laut dieser Strategie seine repressive Gewalt gegen die Bevölkerung einsetzen. Wenn die Unterdrückung durch den Staat für die Bevölkerung unerträglich geworden ist, würde es zum Massenaufstand gegen die Staatsgewalt kommen. Gleichzeitig würden viele Bürger mit der ETA sympathisieren und der Organisation beitreten.

Zur Finanzierung ihrer Aktivitäten erpressten sie die Bevölkerung. 1946 kündigten sie an, dass sämtliche Basken im Rahmen ihrer finanziellen Mittel zum Widerstand gegen die Unterdrücker verpflichtet sind. Unternehmen, die nicht zu Zahlung der sogenannten „Revolutionssteuer" bereit waren, wurden durch Androhung von Sabotageakten oder Hinrichtungen eingeschüchtert. Auf

der dritten Versammlung im Mai 1964 gab die ETA, in Anlehnung an die europäische Studentenbewegung, die Öffnung zum Marxismus bekannt. Demnach wollte sie sich ab sofort mehr für die Gewerkschaften engagieren.

Im Winter 1966/67 kam es zur ersten Spaltung innerhalb der Organisation.
Es setzte sich der Teil der Mitglieder durch, die eine Strategie des Guerilla-
Kampfes auf der Basis marxistisch-leninistischer Ideologie definierte. Kasper
äußert diesbezüglich:

> „In diesem Kampf wollte die ETA sowohl die Sympathien der traditionell nationalis-
> tischen baskischen Gesellschaft als auch die der baskischen Arbeiter gewinnen, wo-
> bei letztere alle Personen umfaßten, die im Baskenland arbeiteten und die baski-
> schen Bestrebungen unterstützten" (KASPER 1997: 176).

Weiter gibt Kasper an, dass der seit langem angekündigte bewaffnete Kampf
nicht mehr lange hinausgezögert werden konnte, ohne unglaubwürdig zu werden. So begann die ETA 1967, die ersten Banken zu überfallen und Bomben zu
legen, die öffentliche Gebäude beschädigten. Schließlich kam es im Juni 1967 bei
einer Polizeikontrolle zur Eskalation der Gewalt. Das Führungsmitglied Txabi
Etxebarrieta erschoss einen Angehörigen der Guardia Civil und wurde in einer
anschließenden Verfolgung selbst getötet. Ein großer Teil der baskischen Bevölkerung interpretierte diesen Vorfall als kaltblütigen Mord der Staatsgewalt. Es
folgten massenhafte Protestaktionen, in denen die Menschen ihre Solidarität bewiesen. Diese fanden auf der Straße oder in den Fabriken statt. Sogar Immigranten beteiligten sich und in den Kirchen hielt man Messen für den Verstorbenen
ab. Damit gilt Etxebarrieta als der erste Märtyrer der ETA. Laut Kasper degra-
dierte die PNV 1960 nach dem Tod ihres charismatischen Präsidenten Aguirre zu
einer anachronistischen Partei, womit die ETA zu einer ernsthaften Alternative
des baskischen Nationalismus geworden war.

Der Tod Etxebarrietas löste eine Radikalisierung der bewaffneten Auseinandersetzung mit dem spanischen Staat aus. Dabei spielte die Theorie der Spirale
immer eine vordergründige Rolle. Um sich für den Mord zu rächen, brachte die
ETA den als Folterer bekannten Polizeikommissar Melitón Manzanas in Irun
um. Der Staat reagierte mit einer aggressiven Verfolgung, in der mehr als 2000

Personen verhaftet und gefoltert wurden. Daraufhin kam es zu erneuten Protestkundgebungen und Streiks der baskischen Bevölkerung. Im August 1968 wurde der Ausnahmezustand über Gipuzkoa verhängt, der erst am 25. März des folgenden Jahres endete. In dieser Zeit wurden etliche *Etarras* verhaftet oder flüchteten ins Exil, wo sich die Organisation erneut formierte. In Hinblick auf die Studentenunruhen von 1968 glaubte man, dass Streiks der spanischen Arbeiter zur Revolution führen könnten.

Während der sechsten Versammlung, die 1970 in Itxassou stattfand, trennten sich die sogenannten „Roten Zellen" von der Basis ab und gründeten ihre eigene revolutionäre Organisation. Der andere Teil, der den Namen ETA-VI erhielt, gab seinen Bruch mit dem traditionellen Nationalismus bekannt und forderte nun nicht mehr die Unabhängigkeit der Basken, sondern das Recht auf Selbstbestimmung. Ihrer Meinung nach konnte die Befreiung des Baskenlandes nur durch den Klassenkampf erfolgen. Die ältere Generation, die dem militanten Sektor angehörte, nahm nicht an der Versammlung teil. Kasper begründet dieses Verhalten wie folgt: „Sie befürchteten ein Manöver mit dem Ziel, die Organisation vom bewaffneten Kampf zu entfernen und im Zeichen des Klassenkampfes zu ‚espaňolisieren'" (KASPER 1997: 178). Da diese Gruppe die Gültigkeit der sechsten Versammlung ablehnte und sich auf die Errungenschaften der fünften Versammlung stützte, wurde sie ETA-V genannt. Sie kritisierte die Ergebnisse der sechsten Versammlung vehement und bezeichnete sie als spanische Abweichungen. Die Ideologie des Marxismus wurde als Bedrohung der nationalistischen Grundwerte angesehen. Außerdem musste ihrer Meinung nach die Frage der Unabhängigkeit und nicht der Klassenkampf im Vordergrund stehen.

Zunächst bekannten sich die meisten Mitglieder zur ETA-VI, traten aber schon bald zu anderen revolutionären Vereinigungen über. So setzte sich letztlich ETA-V durch, die ursprünglich die Minderheit innerhalb der ETA bildete. In den Jahren 1972 und 1973 führte die ETA-V über hundert bewaffnete Aktionen durch. Lang fasst diese wie folgt zusammen:

„Einige richteten sich gegen Lokale der vertikalen Gewerkschaft zur Unterstützung von Streiks, andere gegen Polizeikasernen und Kollaborateure, gegen Radio- und Fernsehstationen, gegen franquistische Symbole und Freizeitanlagen der reichen Oberschicht" (LANG 1983: 228).

1973 wurde der treueste Anhänger Francos, Carrero Blanco, von ETA-V ermordet. Ein Jahr später kam es zur Radikalisierung der militärischen Aktionen. Nachdem im Zuge der repressiven Verfolgungen viele *Etarras* von der Staatsgewalt getötet wurden, erschoss die ETA einen Angehörigen der Guardia Civil. Damit hatte sie das erste Mal eine willkürliche Hinrichtung vollzogen und verkündet, dass alle Angehörigen der staatlichen Sicherheitskräfte fortan potentielle Opfer seien.

Die Arbeiterfront trennte sich 1974 von der ETA und gründete die revolutionäre Organisation LAIA. Kasper äußert diesbezüglich: „Das Ausscheiden der Arbeiterfront löste nicht das Problem zwischen den beiden entgegengesetzten Standpunkten der reinen militärischen Operation und der Koordination mit Massenaktionen" (KASPER 1997: 179). Die verschieden Meinungen ließen sich nicht vereinen und so spaltete sich im Dezember 1974 ETA in zwei verschiedene Organisationen. Eine Front nahm den Namen ETA-Militar kurz ETAm an. Sie befürwortete die Massenaktionen und den Klassenkampf, war aber der Ansicht, dass militärische Aktionen von unabhängigen Spezialisten durchgeführt werden sollten, um sich somit vor der staatlichen Verfolgung zu schützen. Der größte Teil der ETA nahm den Namen ETA-Político (ETA-pm) an. Sie verübten weiterhin selbst Attentate, das Fernziel der sozialistischen Revolution behielten sie dabei im Auge. Nach außen gab es keine politischen Meinungsverschiedenheiten, sodass die Öffentlichkeit die Trennung nur als interne Veränderung wahrnahm.

Zusammenfassend lassen sich eindeutige Parallelen zwischen der realen Entwicklung der ETA und der von Helmrich beschrieben Terrorismus-Theorie erkennen. So hat auch die ETA – dieser Theorie entsprechend – ihre ersten Aktivitäten nur auf die Verbreitung von Propaganda beschränkt und die bestehende spanische Gesellschaftsordnung aufs Schärfste kritisiert. Daraufhin folgte 1961 der erste Sabotageakt, bei dem die Tötung von Personen in Kauf genommen wurde. Die letzte Entwicklungsstufe erreichte die ETA 1974 durch die willkürliche Tötung eines Polizeibeamten, womit auch gleichzeitig, wie bei Helmrich erwähnt, alle Angehörigen der staatlichen Sicherheitskräfte zu möglichen Opfern wurden und immer auch Unschuldige mit involviert worden sind.

Auch Waldmanns theoretische Ansätze stimmen mit den Handlungsstrategien der ETA überein, da sich die Gewaltanschläge gegen die spanische Macht richteten und gemäß Waldmanns Theorie dadurch Sympathien und Unterstützungsbereitschaft der Bevölkerung erzeugt werden sollten. Die Terrorismus-Ansätze von Crenshaw und Bruce spiegeln sich ebenfalls im Zusammenhang mit der ETA wieder. Diese gehen davon aus, dass Terroristen – durch eine im Vorfeld überlegte Strategie – versuchen, Macht zu erlangen, wo es keine Macht gibt. Folglich kann im Zusammenhang mit der ETA von einer idealtypischen terroristischen Organisation gesprochen werden, da alle vorgestellten Theorien auf die ETA übertragen werden können.

Bei einer Beurteilung der ETA darf sich jedoch nicht nur auf ihre bewaffneten Aktionen beschränkt werden, sondern es muss auch berücksichtigt werden, dass sie in den ersten sechzehn Jahren eine wichtige Plattform der politischen Debatte und der revolutionären Reflexion war. Eine Zeitlang galt sie als Vorreiter der neuen Linken und der revolutionären Bewegungen des gesamten spanischen Staates.[26] Das politische Leben des Baskenlandes wurde am Ende der Diktatur bzw. in der Übergangsphase unumstritten zum größten Teil durch Gruppen und Parteien, die aus der ETA hervorgegangen waren, entscheidend beeinflusst. Werner Herzog äußert diesbezüglich in einem Essay, der in „Terror im Baskenland – Gefahr für Spaniens Demokratie?" 1979 publiziert wurde: „Es ist unumstritten, dass es in erster Linie die andauernden Streiks, Kundgebungen, Einschließungen in Kirchen und Freiheitsmärsche, aber auch Gewaltakte waren, die zu einer offenen Haltung der Madrider Regierungspolitiker führten" (HERZOG 1979: 68).

Allerdings waren die nationalistischen Parteien auch hauptsächlich dafür verantwortlich, dass der Übergang vom autoritären franquistischen System zur

---

[26] Vgl. KASPER 1997: 180

Demokratie (*Transición*) in Euskadi nicht annähernd so friedlich und schnell verlief wie im restlichen Spanien.

Es wird nun sowohl auf die Parteien als auch auf die Organisationen eingegangen, die sich im Zuge des Demokratisierungsprozesses im Baskenland etabliert haben. Dabei werden ihren Forderungen genau untersucht.

VI. BASKISCHE PARTEIEN UND ORGANISATIONEN NACH FRANCO

1. Allgemeine Bemerkungen

Nach Francos Tod am 20. November 1975 ernannte König Juan Carlos 1976 den 43jährigen Adolfo Suárez zum Premierminister. Sein Vorgänger Arias Navarro trat freiwillig zurück, da er seine Glaubwürdigkeit beim König und beim Volk verloren hatte. Die ersten Amtshandlungen des neuen Ministerpräsidenten fasst Helmrich wie folgt zusammen: „Mit Hilfe des Königs ernannte Suárez ein Reformkabinett, initiierte ökonomische und politische Neuerungen und begann den Dialog mit der demokratischen Opposition" (HELMRICH 2002: 152).

Im Demokratisierungsprozess standen sich zwei unterschiedliche politische Strategien gegenüber. Die reformwilligen Anhänger des Franco-Regimes wollten mit Hilfe der sogenannten „*Reforma*", also durch die Beibehaltung der alten Mechanismen, das System verändern. Dadurch hofften sie, ihre einstige soziale und politische Stellung zu behalten. Die Opposition vertrat die Strategie der „*Ruptura*". Ihrer Meinung nach konnte eine endgültige Demokratisierung nur durch den Zusammenbruch des alten Regimes erfolgen. Da sich die *Ruptura* nicht durchsetzen ließ, kam es zum „verhandelten Bruch" (*Ruptura Pactada* oder *Ruptura Negociada*). Infolgedessen akzeptierte die Opposition die Legalität des autoritären Regimes als Rahmen der Transformation, womit man eine gewaltsame Konfrontation mit den Anhängern des alten Regimes vorbeugte. In dem Aufsatz „Demokratisierung und Desorientierung: Spanien nach 1975", der in „Diktatur, Demokratisierung und soziale Anomie" veröffentlicht worden ist, stellt Walther L. Bernecker die Situation nach Francos Tod in Spanien wie folgt dar:

„Außerdem erfolgt der Übergang in die Demokratie nicht als Bruch mit dem franquistischen Regime, sondern als ausgehandelter Pakt mit den Eliten des alten Regimes. Die Demokratie war somit nicht – wie etwa in benachbartem Portugal – Ergebnis eines Putsches oder einer Volksrevolution, sondern einer Konsensstrategie
zwischen ‚linken‘ und ‚rechten‘ Politikern" (BERNECKER 2003: 121).

Unter der neuen Regierung begann sich in Spanien ein dreigeteiltes Partei-
ensystem mit Subsystemen in Katalonien und im Baskenland zu entwickeln.[27]
Die Parteien, die neu entstanden, hatten weder demokratische Erfahrung noch
umfassende politische oder ideologische Programme. Die größte Konkurrenz aller
Parteien stellten die außerparteilichen sozialen Akteure dar. Helmrich beschreibt die Entwicklung des baskischen Subsystems wie folgt:

„Während sich in Spanien die ursprüngliche Vielfalt bereits nach kurzer Zeit auf
wenige ideologisch-programmatisch differenzierbare Optionen innerhalb eines ge-
mäßigt pluralistischen Systems reduzierte, blieb das baskische Subsystem weit
über die Transición hinaus polarisiert-pluralistisch" (HELMRICH 2002: 156).

Außerhalb des Parteiensystems formierte sich im Baskenland, wie sonst nir-
gendwo in Spanien, eine Vielzahl von Komitees, Gewerkschaften, bewaffneten
Gruppierungen sowie Nachbarschafts- und Stadtviertelzirkeln. Sie wollten sich
gegenüber den Parteien durchsetzen und ihre Macht behaupten.

Der Nationalismus konnte sich ähnlich wie in der II. Republik nicht in einer
einzigen geschlossenen politischen Kraft präsentieren. Vor allem zu Beginn des
Demokratisierungsprozesses war es fast unmöglich, die im linksnationalistischen
Sektor entstehenden Parteien eindeutig nach ihren Inhalten zu charakterisieren
und von anderen Optionen abzugrenzen. In dieser Phase wurde die „nationale
Frage" sowohl von Nationalisten als auch von Staatlichen ähnlich stark thematisiert, sodass dieser Gesichtspunkt nicht zur Klassifizierung beitrug. Erst später
kam es zur Einteilung in „Independentisten" und „Autonomisten" oder in Befür-
worter und Gegner von Volksmobilisierung und Gewalt.

Gerade aufgrund der nationalen Frage unterscheidet sich die baskische wesentlich von der gesamtspanischen Parteienlandschaft und ist wegen der kon-

---

[27] Vgl. HELMRICH 2002: 156

fliktreichen Situation sehr instabil. Die folgenden Wahlergebnisse von 1977-1983 machen den Unterschied deutlich.

Tabelle 1:

Wahlen 1977-1983 (in %)

Parteien	15.7.77 Span. Parlam.	1.3.79 Span. Parlam.	3.4.79 Provinz- Wahlen	9.3.80 Bask. Parlam.(a)	28.10.82 Span. Parlam.	8.5.83 Provinz- wahlen(b)	8.5.83 Spanien (c)
AP-UCD-UPN	23,1	24,6	18,8	19,4	16,2	14,6	25,9
PSOE	25,0	19,3	16,3	15,1	30,2	28,1	43,3
PNV	24,3	22,7	30,1	30,8	25,9	32,1	6,8(d)
EE	5,0	6,8	6,6	8,3	6,6	6,6	
HB	-	13,6	18,6	16,2	13,8	13,3	1,9(e)
Andere(f)	22,6	13,0	9,6	10,2	7,3	5,3	22,1
Wahlbeteiligung	(77,4)	(66,6)	(62,2)	(60,8)	(79,7)	(65,9)	

(a) Baskisches Parlament ohne *Navarra* / (b) Provinzwahlen für Juntas Generales und Parlamento Foral von *Navarra* / (c) Spanien: Gemeindewahlen / (d) 6,8%: PNV und gemäßigte katalanische Nationalisten / (e) 1,9%: Radikale Nationalisten Euskadis, Galiziens und der kanarischen Inseln / (f) Andere: In Euskadi seit 1979 mehrheitlich KP und revolutionäre Linke (EMK, LKI, ORT, PT, Lokale Allianzen)

Quelle: LANG, JOSEF: „Das baskische Labyrinth", 1983, S.348

Die Wahlergebnisse zeigen, dass neben der inzwischen untergegangenen UCD die PSOE die unbeständigste Partei ist. Lang macht dafür die schwache Mobilisierungsfähigkeit und die unzureichende Verankerung der PSOE verantwortlich.[28] Seiner Meinung nach ist ihre Wählerschaft unterdurchschnittlich politisiert und aktiv. Die nationalistischen Parteien, vor allem HB, hält Lang für besser strukturiert und verankert.

Weiterhin gibt er Auskunft über die Wählerschaft der einzelnen Parteien. So wählen die Kirchgänger hauptsächlich UCD und PNV, die Alten UCD, PNV und PSOE, die Jungen dagegen HB und EE. Außerdem stellt Lang dar, dass unter den nationalistischen Parteien HB den höchsten Anteil an Lohnabhängigen und manuell Arbeitenden hat. Die PSOE und KP sind die Parteien mit dem höchsten

---

[28] Vgl. LANG 1983: 348

Arbeiteranteil. Die PNV weist den höchsten Anteil an Selbstständigen auf.

Es wird nun im Einzelnen auf die Inhalte und Forderungen der Parteien eingegangen.

2. Die gemäßigten Parteien

2.1 Partido Socialista de Euskadi – Partido Socialista Obrero Español (PSE-PSOE)

Nach Francos Tod hat die PSOE eine Studie über die Problematik der Nationalitäten und die baskische Frage erhoben, wonach die baskische sozialistische Partei schließlich ihr Parteiprogramm formulierte. Auch wenn sich die Partei daraufhin schon bald zu einer der stärksten politischen Kräfte im Baskenland entwickelte, verschlechterte sich zunehmend das Verhältnis zur Mutterpartei. Helmrich fasst die Forderungen der PSOE mit dem anschließenden Zitat zusammen:

> „So forderten die Sozialisten unter anderem die Anerkennung der Existenz verschiedener Nationalitäten und Regionen mit jeweils eigenen Spezifika, das Selbstbestimmungsrecht dieser Einheiten und die Bildung einer ‚Föderalen Republik' der Nationalitäten des spanischen Staates" (República Federal de las Nacionalidades del Estado Español)" (HELMRICH 2002: 158).

Durch Francos Repression zeigten sich die Sozialisten mit den Nationalisten solidarisch und forderten außerdem die Befeiung aller baskischen Häftlinge, die Bildung eines demokratischen Nationalen Baskischen Rates, ein Autonomiestatut, das Selbstbestimmungsrecht, eine an den Kompetenzen von 1936 orientierte provisorische Regierung, eine eigene Justizverwaltung, eigene Sicherheitskräfte, die Aufwertung des *Euskara* und die Gründung einer baskischen Universität. Sie vertraten vehement die Forderung der *Ruptura*. Als Endziel formulierten sie die klassenlose Gesellschaft. Die Sozialisten räumten der PSE weitgehende Eigenständigkeit und ein Mitspracherecht ein. Lang wirft der Partei Untreue vor, und dass sie aufgrund von Lügen eine relativ große Wählerschaft innerhalb Euskadis gewinnen konnte. Diesbezüglich äußert er:

> „Nicht zuletzt dank solcher Versprechen und Verbalradikalismen ist es der PSOE gelungen, in Euskadi von einen Fast-Nichts zu einem Etwas zu werden. Und jetzt, wo sie etwas ist, besteht ihre Politik hauptsächlich darin, mit einer spanisch-chauvinistischen Demagogie die Immigranten von den Einheimischen und Navarra von Rest-Euskadi abzuspalten" (LANG 1983: 351).

Die baskische Partei brachte ab 1977 klar zum Ausdruck, dass sie nicht die Position der Mutterpartei vertrat. Demnach wandte sie sich von nationalen Thesen ab und richtete sich gegen föderale Zielsetzungen. Sie begnügte sich mit der erreichten Autonomie und brachte diesbezüglich keine weiteren Vorschläge hervor. Der PSOE wurde ein „Kuschelkurs" mit den Nationalisten vorgeworfen und die PNV wurde als die größte Feindin der PSE und des baskischen Volkes bezeichnet.

2.2 Partido Nacionalista Vasco – Eusko Alderdi Jeltzalea (PNV-EAJ)

Unter dem neuen Parteichef Carlos Garaikoetxea formulierte die nachfranquistische PNV zahlreiche Neuerungen. Die Partei sah sich selbst als „dritten Weg" zwischen Kapitalismus und Kommunismus. Sie forderte die Demokratisierung und Humanisierung der Wirtschaft und speziell die Übertragung wirtschaftlicher Entscheidungen an baskische Organe. Für den Schutz und die Rechte von Arbeitern setzte sich die Partei verstärkt ein. Als langfristige Ziele formulierte sie möglichst weitgehende Autonomie und gleichzeitig soziale und politische Ruhe. Diese beiden Zielsetzungen erscheinen Lang als sehr widersprüchlich, er schreibt dazu: „Autonomie ist eine Frage des Kräfteverhältnisses und dieses stellt man her über Mobilisierungen. Mobilisierungen aber bedrohen die soziale und politische Ruhe" (LANG 1983: 352). Die außergewöhnliche Mobilisierungskraft und ihre solide Verankerung sind für Lang ausschlaggebend, dass die PNV die dominierende Kraft Euskadis war und ist.

Die PNV setzte sich weiterhin für die Festigung der baskischen Kultur ein, insbesondere für das *Euskara*, welches ihrer Meinung nach die baskische Identität am ehesten verkörperte. Man forderte die Selbstbestimmung des Baskenlandes, die Anerkennung der Zweisprachigkeit Euskadis, gesellschaftliche Gerechtigkeit und die Offenheit der Basken gegenüber anderen Völkern. Um ein besseres Zusammenleben der Menschen im Baskenland zu erreichen, riefen die Nationalisten zur Beendigung der Gewalt auf. Innerhalb Europas stand man der PNV positiv gegenüber; Helmrich formuliert diesbezüglich: „Europa bewertete die PNV nicht nur als geistig-moralischen Bezugspunkt, sondern als konkreten politischen Rahmen für die Entfaltung der einzelnen Völker" (HELMRICH 2002: 169).

2.3 Partido Comunista de Euskadi – Euskadiko Alderdo Komunista (PCE-EPK)

Die Kommunisten, die bis zum Bürgerkrieg eine eher zweitrangige Rolle spielten, entwickelten sich in den sechziger Jahren zum zentralen Bezugspunkt der antifranquistischen Opposition. Peter A. Kraus und Wolfgang Merkel formulieren in einem Essay mit dem Titel „Die Linksparteien", die Stellung der PCE folgendermaßen: „Gegen Mitte der siebziger Jahre war der PCE die einzige politische Kraft des Landes, die über einen effizienten Parteiapparat und eine auf breiter Basis aufgebaute, funktionsfähige Organisation verfügte" (KRAUS/ MERKEL 1993: 198).

1977, als die Partei legalisiert wurde, stellte sie mit annähernd 200.000 Mitgliedern alle anderen Gruppierungen in den Schatten. Die spanische kommunistische Partei forderte – in Anlehnung an die II. Republik – eine eigene baskische Regierung, Selbstbestimmungsrecht und die Anerkennung der nationalen Persönlichkeit Euskadis. Auch die Kommunisten glaubten, dass die Freiheit des Baskenlands nur durch die Strategie der *Ruptura* zu verwirklichen war. Die baskische Teilpartei PCE-EPK forderte in einem Plenum am 8. August 1976 unter anderem die Erfüllung der Autonomieforderungen, demokratische Wahlen, die

Legalisierung aller Parteien und eine provisorische baskische Regierung.[29] Die Abtrennung Euskadis von Spanien lehnte die Partei ab, stattdessen plädierte sie für ein kommunistisches föderales Gesellschaftsmodell.

Mit der Ablösung des langjährigen Führers Ramón Ormazábal durch den ehemaligen ETA-Aktivisten Roberto Lertxundi änderte sich die baskische kommunistische Partei grundlegend. Es wurde ab sofort eng mit den nationalistischen Kräften zusammengearbeitet. Die Annäherung an die linksnationalistische EE führte schließlich zu offenen Spannungen mit der spanischen Mutterpartei. Weiterhin lehnte die baskische Partei Gewalt strikt ab.

2.4 Unión del Centro Democrático (UCD)

Die spanische UCD stand dem Franquismus sehr nahe, was der baskischen Teilpartei ihre Etablierung erschwerte. Ihr wurde als „nicht baskische" Kraft ein geringes Interesse für die Probleme des Baskenlandes vorgeworfen. 1979 schloss sich die Partei mit der DCV (*Democracia Cristiana Vasca*) zusammen, die das Selbstbestimmungsrecht der Basken forderte.

2.5 Euskadiko Ezkerra (EE)

EE wurde von ehemaligen ETA-Mitgliedern 1977 ins Leben gerufen. EMK galt ursprünglich als Mutterpartei, trennte sich aber 1987 wieder von ihrer Tochterpartei. Am Anfang vertrat die EE ein konsequentes Parteiprogramm, demnach wollte man Autonomieinstitutionen nur unterstützten und eine baskische Regierung nur anerkennen, wenn folgende Bedingungen erfüllt wären: Integration *Navarras*, Ablösung der franquistischen Polizei durch eine baskische, Begrenzung der ökonomischen Macht der Oligarchie, Anerkennung Euskadis als souveräne Nation.[30] Auch wenn die Vorautonomie keinem dieser Punkte entsprach,

---

[29] Vgl. HELMRICH 2002: 161
[30] Vgl. LANG 1983: 354

wurde sie von der EE unterstützt. Dieses Abrücken von den Maximen verärgerte den EE-Kongressabgeordneten Ortzi, der schließlich zu *Herri Batasuna* wechselte.

1982 fusionierte die EE mit der baskischen KP. Lang bewertet diese Fusion positiv, dies wird in folgendem Zitat deutlich: „Diese Fusion verstärkte die parlamentarischen und reformistischen Tendenzen von EE, das zu einer Organisation mit weniger Aktionismus und schwacher Mobilisierungsfähigkeit geworden ist und eher die Institutionen als den Widerstand unterstützt" (LANG 1983: 355). Weiter gibt Lang an, dass Madrid den Zusammenschluss der Parteien stark lobte, was wiederum zu internen Spaltungen führte. Daraufhin kam es zu erneuten Abspaltungen.

3. Die linksradikalen „staatlichen" Parteien

3.1 Movimiento Comunista de Euskadi – Euskadiko Mugimendu Komunista (MCE-EMK)

Die MCE-EMK wurde 1966 nach der Abspaltung der ETA-berri gegründet. Helmrich bezeichnet die Partei in der baskischen Parteienlandschaft als Zwitter zwischen baskischem Radikalismus und spanischem Linksradikalismus.[31] Die baskische Teilpartei definierte die nationale Befreiung Euskadis als ihre wichtigste Aufgabe. Sie kritisierte Aranas Ablehnung der Immigranten, dementsprechend wollte sie sich gegenüber den Arbeitern und Volksmassen öffnen. Da man das Statut von 1936 als ungenügend bezeichnete, sollte ein Dokument entwickelt werden, das der gegenwärtigen Situation gerecht werde. So forderte die Partei eine provisorische Regierung, die Aufwertung des *Euskaras* und eine langfristige Autonomie.

---

[31] Vgl. HELMRICH 2002: 163

3.2 Partido del Trabajo (PTE)

Die 1967 gegründete Arbeiter-Partei sprach sich nach Francos Tod für demokratische Wahlen und ein Selbstbestimmungsrecht des Baskenlandes aus. Allerdings lehnte sie einen radikalen Bruch mit Spanien ab. Die PTE beklagte das mangelnde Interesse der ETA, sich zu einer nationalistischen Partei zu entwickeln und lehnte die Gewaltaktionen der Terror-Organisation strikt ab. Nachdem eine Annäherung an die EE gescheitert war, schloss sich die Partei 1979 mit der ORT zusammen.

3.3 Organización Revolucionaria de los Trabajadores (ORT)

1969 entstand die maoistische Partei aus einer Jugendorganisation. Bei Helmrich findet sich eine Zusammenfassung der Partei-Ideologie:

> „Ihr Programm basierte auf der Annahme, der Faschismus werde durch die Oligarchie hinter der ‚Fassade einer bürgerlichen Demokratie' weitergeführt und könne nur durch eine über den nationalen baskischen Rahmen hinausgehende Allianz aller Antifaschisten Spaniens besiegt werden" (HELMRICH 2002: 165).

Sie forderte für das Baskenland eindrücklich ein Ende der Monarchie, eine provisorische Regierung, ein Statut, Amnestie, Freiheit und Selbstbestimmung.

3.4 Liga Komunista Iraultzailea (LKI)

Die LKI entstand 1973 aus einer Abspaltung von der ETA und vertrat ein pronationalistisches Parteiprogramm. Trotzdem lehnte sie den radikalen Nationalismus ab, da er ihrer Ansicht nach nicht konstruktiv war. Ihre Forderungen basierten auf dem Recht der Selbstbestimmung des Baskenlandes. Die nationale Unterdrückung wollte sie durch die Stärkung des kollektiven nationalen Bewusstseins besiegen.

4. Die radikalnationalistischen Optionen

4.1 Der „KAS"-Block

Die Patriotisch-Sozialistische Koordinationsgruppe (*Koordinadora Abertzale Sozialista* – KAS) etablierte sich als der wichtigste politische Block innerhalb des nach-franquistischen Linksnationalismus. Der Block setzte sich aus verschiedenen Parteien, Massenorganisationen, Gewerkschaften und bewaffneten Gruppen zusammen und kann deshalb nicht eindeutig als Partei bezeichnet werden. Die Gründer des KAS-Blocks konnten als geeinigte, schlagkräftige Alternative die radikale linksnationalistische Szene dauerhaft einigen.

Am Anfang fungierte KAS 1975 als ständiges Konsultationsorgan für Protestaktionen gegen Hinrichtungen mutmaßlicher ETA-Mitglieder. Bald darauf wollte man mit einer festen Einrichtung der PNV gegenüberstehen. Am 18. August 1976 formulierten die KAS-Mitglieder EHAS, ETApm, LAIA, LAB und LAK ihr erstes Parteiprogramm.[32] Hierin forderten sie die Legalisierung aller Parteien, die Freilassung aller politischen Gefangenen, bessere Lebensbedingungen für die Arbeiter und die Anerkennung der nationalen Souveränität des Baskenlandes. Außerdem setzten sie sich für eine provisorische baskische Regierung ein, für ein provisorisches Autonomiestatut und für den Vorrang des *Euskaras*. Die Monarchie als gültige Staatsform lehnte der KAS-Block vehement ab. Auch wenn der Block gute Beziehungen zur ETA pflegte, wollte er den bewaffneten Kampf nicht in das Parteiprogramm aufnehmen, gestand aber seinen Mitgliedern diesbezüglich eine freie Meinung zu.

4.2 *Langile Abertzale Iraultzailea Alderdia* (LAIA)

LAIA entstand 1974 aus einer Abspaltung von ETA und entwickelte sich zu der radikalsten politischen Kraft. Sie selbst definierte sich als „rein marxistische,

---

[32] Vgl. HELMRICH 2002: 180

revolutionär-patriotische Arbeiterpartei". Helmrich beschreibt ihr Wirken wie folgt:

> „Von Beginn an konzentrierte sich LAIA auf die Rekrutierung, Indoktrinierung und Radikalisierung der Arbeiter und sprach sich für ‚populäre Plattformen' aus, um den Menschen eine Chance zum Kampf um die Volksdemokratie gegen Bourgeoisie und Reformismus zu geben" (HELMRICH 2002: 182).

Ihre Forderungen waren politische Unabhängigkeit, die Machtübernahme durch Arbeiterorganisationen, ökonomische Selbstständigkeit, sozialistische und antiimperialistische Wirtschaftsplanung, Selbstbestimmung, die Stärkung des *Euskara*, Amnestie und eine neue baskische Kultur durch die Kombination revolutionärer Inhalte mit traditionellen Elementen.

LAIA wollte die Massen gegen die ausbeuterische Großbourgeoisie mobilisieren, wobei der bewaffnete Kampf eine große Rolle spielte, den sie als „höchste Form des politischen Handelns" rühmte. Trotzdem wehrte sie sich gegen Anschuldigungen, als bloßer Arm der ETA zu gelten. Da einige Mitglieder die enge Verbindung zum KAS-Block ablehnten und als „ideologische Aufweichung" bezeichneten, kam es 1976 zur Spaltung der Partei in LAIA-bai und LAIA-ez. Der Mehrheitssektor LAIA-bai setzte sich schließlich wieder unter der Bezeichnung LAIA durch.

4.3 Herri Batasuna (HB)

Herri Batasuna (Volkseinheit) entstand im April 1878 aus den radikalnationalistischen Parteien HASI, LAIA, ESB und ANV. HB, die seit 1979 als die wichtigste politische Widerstandskraft gilt, legte ihr Hauptgewicht auf die Mobilisierung und Organisierung der Massen. Durch eine kollektive Führung der Organisation glaubte die HB, auf mögliche Verhaftungen ihrer Spitzenkandidaten besser reagieren zu können.

Es wurde sich vor allem für die Amnestie und den Abzug der franquistischen Ordnungskräfte eingesetzt. Mithin forderte sie die Verankerung der baskischen Sprache in Verwaltung und Bildung. HB wird von Waldmann in „Ethnischer Radikalismus" als politisches Pendant oder auch als politischer Arm der ETA bezeichnet.[33] Dies lässt sich mit drei wesentlichen Gemeinsamkeiten beider Organisationen belegen. Beide vertreten ein identisches Programm. HB erstrebt wie ETA ein unabhängiges, sozialistisches Baskenland und beruft sich auch auf die Forderungen des KAS-Blocks. Sowohl die ETA als auch HB lehnen die bestehenden Parlamente ab und üben sich diesbezüglich in konsequenter Zurückweisung. Die enge Verbindung zwischen den Organisationen hängt wohl auch damit zusammen, dass viele Mitglieder von HB ehemalige *Etarras* waren. Waldmann unterstreicht mit folgendem Zitat die vertraute Beziehung zwischen beiden Organisationen:

> „Die ETA empfahl beispielsweise bei den Wahlen zum baskischen Parlament im Februar 1984 ihren Anhängern, für HB zu stimmen; HB-Abgeordnete nehmen ihrerseits die ETA regelmäßig gegen Kritik in Schutz und enthalten sich meistens bei der Verurteilung besonders brutaler ETA-Attentate durch die übrigen baskischen Parteien der Stimme" (WALDMANN 1989: 125).

HB hat seit 1983 viele Wählerstimmen verloren. Lang macht dafür die Partei selbst verantwortlich. Einerseits hat sie die betrieblichen und sozialen Probleme vernachlässigt, womit sie die Wähler der Arbeiterhochburgen von Bilbao verlor. Anderseits hat sie durch den Boykott der Parlamente auf eine wichtige Plattform verzichtet, womit sie schließlich in den Augen der Wähler nicht mehr als repräsentativ galt. Lang gibt einen weiteren Grund dafür an, warum sich HB im Gegensatz zu anderen nationalistischen Parteien nicht langfristig durchsetzten konnte, indem er schreibt:

> „Indem HB einer PSOE oder PNV einfach den Rücken zukehrt, verpasst es viele Gelegenheiten, Widersprüche zwischen Basis und Führungen auszunützen, diese für eine konsequente Alternative zu gewinnen und die revolutionäre Linke insgesamt zu stärken" (Lang 1983: 358).

---

[33] Vgl. WALDMANN 1989: 125

5. Anhang

Die konservative PNV und die linke EE zählen zu den wichtigsten Vertretern des baskischen Nationalismus. Beide konnten bei allen bisherigen Wahlen zu den gesamtstaatlichen Cortes Mandate im Abgeordnetenhaus erzielen. Hingegen sorgten die jüngeren Parteien HB und *Eusko Alkartasuna* (EA, Abspaltung der PNV) laut Nohlen und Hildenbrand für eine zersplitterte Repräsentation des Baskenlandes im gesamtspanischen Parlament.[34] Die Forderung nach umfassender Amnestie vereinte jedoch nahezu alle baskischen Parteien, wenn auch hinsichtlich der Realisierungsmechanismen Unterschiede zu erkennen waren. Auch die baskische Bevölkerung setzte sich vehement für die Freilassung politischer Gefangener ein und forderte auf Massenveranstaltungen die Wiedereinsetzung der früheren Autonomiestatute. Um den politischen Unruhen Herr zu werden, entschied sich Suárez schließlich noch vor der Verabschiedung der neuen Verfassung für eine Übergangslösung, die im Herbst 1977 in Kraft trat und fast allen Regionen vorläufige Autonomiestatute brachte. Bei Helmrich heißt es dazu: „Die präautonomen Bestimmungen basierten ausschließlich auf spanischem Staatsrecht, das den Basken keine normative Macht, sondern lediglich Ausübungskompetenzen übertrug" (HELMRICH 2000: 262). Einerseits wurden die Errungenschaften der Präautonomie von einigen Parteien kritisiert, indem sie meinten, dass die Region nur das erreicht hat, was Suárez zu opfern bereit war, anderseits lobte die PNV die Anerkennung der „spezifischen baskischen Persönlichkeit" durch das Präautonomie-Dekret. Das endgültige Autonomiestatut für das Baskenland wurde 1979, auf Grundlage der Verfassung, ratifiziert. Im nächsten Kapitel wird der lange Verhandlungsprozess sowie dessen Inhalt besprochen.

---

[34] Vgl. NOHLEN/ HILDENBRAND 1992: 300

VII. DER BASKISCHE AUTONOMIEPROZESS

1. Die spanische Verfassung

Die größte Herausforderung der neuen parlamentarischen Monarchie bestand darin, den traditionellen Zentralismus, der seit dem 18. Jahrhundert das Spannungsverhältnis zwischen nationaler Einheit und regionaler Vielfalt in Spanien prägte, durch die verfassungsmäßige Einführung eines sogenannten „Staates der Autonomien" zu überwinden. Fast achtzehn Millionen Spanier stimmten am 6. Dezember 1978 in einem Referendum über die während eines langen Jahres ausgearbeitete Verfassung ab.[35] Sie eröffnete die Möglichkeit eines territorialen Umbaus des Staates. Der Zentralismus schien durch den Art. 137 Abs. 1 Satz 1, endgültig überwunden, da er folgendes statuiert: „Das Staatsgebiet wird in Gemeinden, Provinzen und Autonome Gemeinschaften gegliedert" (Art. 137, zitiert nach CHINER 1989: 172).

In Anlehnung an den Titel VIII der Verfassung mit der Überschrift „Die territoriale Gliederung des Staates" sind schließlich die autonomen Gemeinschaften entstanden. Chiner gibt an, dass sich ihre Stabilisierung und Konsolidierung allerdings nicht in wenigen Jahren erreichen lässt, da es eines längeren Zeitraums bedarf, bis sowohl der Staat als auch die Autonomen Gemeinschaften die Rolle voll erfüllen können, die ihnen die Verfassung zuweist. Die EE reichte am 16. Juni 1978 einen Antrag ein, der den autonomen Gemeinschaften das Recht gewähren sollte, frühestens zwei Jahre nach dem Inkrafttreten des Statuts die Selbstbestimmung einzufordern.[36] Der Antrag scheiterte jedoch im Kongressplenum. Auch die Forderung der Basken nach einem föderalen Pakt wurde durch die Verfassung verboten, in Art. 145 Abs. 1 heißt es: „Unter keinen Umständen wird die Föderation von Autonomen Gemeinschaften anerkannt" (Art. 145, zitiert

---

[35] Vgl. CHINER 1989: 171
[36] Vgl. HELMRICH 2002: 274

nach HELMRICH 2002: 271). Dieser Artikel sollte die Unteilbarkeit Spaniens normieren. Francisco Letamendia (EE) sah in dieser Formulierung eine Weiterführung des Zentralismus. Außerdem forderte die EE die Anerkennung des Baskenlandes als „nación". Der Begriff der „Nation" sollte allerdings dem Gesamtstaat vorbehalten werden, und so einigte man sich mit Zustimmung der PNV in Artikel 2 der Verfassung auf die Bezeichnung der „Nationalitäten". Um das starre System der Kompetenzverteilung zwischen Zentrum und Regionen zu durchbrechen, beantragte die PNV die Möglichkeit des Staates, den Autonomen Gemeinschaften per Gesetz auch Kompetenzen aus seinem Zuständigkeitsbereich zu übertragen. Der Antrag wurde schon einen Tag später bewilligt und ging als Art. 150 Abs. 2 in die Verfassung ein.

Die historischen Rechte der Basken fungierten bei der Ausarbeitung der Verfassung laut Helmrich ausschließlich als „Messlatte" des guten Willens der staatlichen Akteure bei der Berücksichtigung der von den Basken geforderten Sonderstellung. Daraufhin warf die PNV der Regierung vor, sie habe in der Verfassung die historischen Rechte verkannt. Wie sich die PNV daraufhin bei der Abstimmung am 31. Oktober 1978 verhalten hat, wird von Helmrich angesprochen: „Trotz ihrer Enttäuschung habe die Partei die vereinzelten positiven Ansatzpunkte des Dokuments jedoch anerkannt und sich deshalb gegen ein negatives Votum und für die Enthaltung entschieden" (HELMRICH 2002: 287). Auch am Tag des Verfassungsreferendums am 6. Dezember 1978 entschied sich die PNV neben EMK, ESEI und weiteren kleinen Parteien für eine Stimmenthaltung, da die Verfassung ihrer Ansicht nach den Forderungen und Wünschen des baskischen Volkes niemals genügen könnte. Hauptsächlich beklagten PNV und ESEI die Zurückweisung einer foralen Schutzklausel, die Ablehnung fast aller baskischen Änderungs- und Ergänzungsanträge, die verzögerte Rückgabe der ökonomischen Sonderbedingungen (Conciertos Económicos) sowie die ungenügende Lösung der Navarra-Problematik. Als zentrales Ziel formulierte die PNV den Schutz des baskischen Volkes als spezifische Gemeinschaft.

In der Zeitschrift „Argumente und Materialien zum Zeitgeschehen 29", die von der Akademie für Politik und Zeitgeschehen 2001 veröffentlicht worden ist, äußert Jaime Ignacio del Burgo in dem Aufsatz „Basken und Katalanen: Wie viele Spanien gibt es?", dass die Stellungnahme der PNV für die Enthaltung eine reine Rechtfertigung war, denn in der ersten Zusatzbestimmung der Verfassung heißt es, dass sie „die historischen Rechte der foralen Territorien respektiert und schützt" (DEL BURGO 2001: 23). Allerdings hätte die Wiederherstellung der Gewohnheitsrechte nicht zur Schaffung einer baskischen Einheit geführt. Burgo gibt einen weiteren Grund für die Stimmenthaltung der nationalistischen Partei an, indem er schreibt: „Außerdem war es für die PNV undenkbar, für eine Verfassung zu stimmen, deren Grundlage die Einheit Spaniens ist" (DEL BURGO 2001: 23).

Ebenso wie die EE sahen die radikalen Nationalisten in der Verweigerung des Selbstbestimmungsrechts den Hauptgrund für die Ablehnung der Verfassung. Für die HB richtete sich die Verfassung gegen die Arbeiter. LAIA sah in der Verfassung ausschließlich imperialistische Bedürfnisse berücksichtigt. KAS bezeichnete die Verfassung als „Gefängnis der baskischen Souveränität" (zitiert nach HELMRICH 2002: 295) und wertete die Zustimmung als Verrat an Euskadi. ETAm und ETApm waren sich während der Referendumskampagne einig und forderten eine Ablehnung.

Schließlich stimmten am 6. Dezember 87,87% der Spanier für die Verfassung, die Wahlbeteiligung betrug 67,11%.[37] In Euskadi lag die Stimmenthaltung bei rund 55%, hier stimmten 69,12% für die neue spanische Verfassung.[38] Die folgende Tabelle zeigt im Einzelnen die Wahlergebnisse.

---

[37] HELMRICH 2002: 296
[38] Ebd.

Tabelle 2:

Ergebnis des Verfassungsreferendums in Euskadi

	Abstimmungsberechtigte	Beteiligung in %	Enthaltung in %	Ja-Stimmen in %		Nein-Stimmen in %		Ungültige Stimmen in %	
				Berechtigte	Abstimmende	Berechtigte	Abstimmende	Berechtigte	Abstimmende
Euskadi	1.552.737	44,65	55,35	30,86	69,12	10,51	23,54	3,28	7,34
Alava	173.412	59,29	40,70	42,33	71,39	11,38	19,18	5,59	9,42
Vizcaya	874.936	42,45	57,54	30,40	71,61	8,92	21,00	3,13	7,37
Guipúzc.	504.389	43,42	56,57	27,71	63,81	12,97	29,87	2,74	6,31
Spanien	26.632.180	67,11	32,89	58,97	87,87	5,26	7,83	2,88	4,29

Quelle: HELMRICH, ANTJE: „Nationalismus und Autonomie – Die Krise im Baskenland 1975-1981", 2002, S.296

Die staatlichen Parteien betonten nach dem Referendum, dass die Verfassung sowohl im Gesamtstaat als auch in Euskadi die notwendige Mehrheit erreicht habe. Die baskischen Nationalisten werteten hingegen das Resultat als Beweis der Ablehnung der Verfassung in Euskadi, da sich aufgrund der hohen Stimmenthaltungen nur rund 30% (siehe Tabelle 2) für die Verfassung ausgesprochen hatten. Trotzdem wollte man die „Gunst der Stunde" nutzen, und so drängten PNV, EE und ESEI auf einen möglichst raschen Beginn der Ausarbeitung des Statuts. Die PNV vertrat die Ansicht, dass es für die nationalistischen Interessen am besten wäre, entsprechend den Bestimmungen des Grundgesetzes eine autonome Gemeinschaft für das gesamte Baskenland zu bilden. Borgo sieht hinter dieser Haltung folgende Beweggründe der Partei versteckt:

> „Dadurch konnten sie sofort über eine baskischen Regierung und ein baskisches Parlament verfügen, deren in Gang gesetztes enormes Autonomiepotenzial den Ausgangspunkt für den erstrebten ‚Nationalen Aufbau' bildete, der wiederum unumgänglich ist, um in näherer oder ferner Zukunft an die Unabhängigkeit denken zu können" (DEL BURGO 2001: 23).

Es wird nun auf die Verhandlungen und das Statut selbst eingegangen, vorerst wird die Situation im Baskenland beschrieben.

2. Die Situation im Baskenland

Laut der neuen Verfassung von 1978 ist Spanien ein demokratischer und sozialer Rechtsstaat. In Anlehnung an das neue Gesetz ist Spanien keine Föderation von Staaten, aber auch kein Zentralstaat mehr. Die Souveränität gehört nun dem Volk, von dem alle Gewalten des Staates ausgehen. Die Existenz von Nationalitäten und Regionen wird anerkannt und gleichzeitig ein Autonomierecht eingeräumt. Trotz dieser erheblichen Errungenschaften wurde die Ausarbeitung und Ratifizierung des Autonomiestatuts im Baskenland von anhaltenden Aktivitäten der bewaffneten Organisationen begleitet. Am 3. Januar 1979 ermordete ETAm den Militärgouverneur von Madrid, Constantino Ortín Gil. Noch am selben Tag forderte der Innenminister Villa im spanischen Fernsehen die „endgültige und unbarmherzige Vernichtung" der ETA.[39] Das baskische Volk reagierte bestürzt auf die harten Worte des Ministers. Ein AP-Politiker (*Alianza Popular*, Volksallianz) rief sogar zum „Krieg gegen ETA und ihr gesamtes Umfeld" auf. Am 30. Mai wurden im Kongress die jüngsten ETA-Anschläge verurteilt. Für großes Aufsehen sorgte die Verurteilung der ETA durch einem PNV-Politiker, da sich die Partei bisher noch nie kategorisch gegen die Terrororganisation geäußert hatte.

In dieser Zeit wählte ETAm ihre Opfer bewusst aus den Reihen der Militärführung, außerdem setzte sie sich gegen die Verlegung von ETA-Häftlingen aus baskischen Gefängnissen nach Nordkastilien ein. Seit Anfang 1979 verfolgte ETApm eine andere Strategie, sie unterstützte die Arbeiterbewegung und zielte auf die Schwächung der UCD-Regierung ab. Am 3. Juli 1979 scheiterte der Versuch, den UCD-Politiker Gabriel Cisneros zu entführen. Daraufhin drohte man mit Bombenanschlägen in Touristengebieten.

Ende Juli kosteten schließlich drei Bomben fünf Menschen das Leben. Am 23. September 1979 kam der Militärgouverneur von *Guipúzcoa*, General González Vallés, durch ETA-Kugeln in Donostia ums Leben. Nachdem fünf Tage später ein HB-Politiker verstarb, kam es zu vehementen Protestaktionen von ETA- und

---

[39] Ebd.: 289

HB-Sympathisanten, die sich gegen die bestehenden politischen Institutionen in Euskadi richteten. Die ETA verkündete am Tag der Autonomieabstimmung, dass sie den bewaffneten Kampf solange fortsetzen werde, bis alle spanischen Polizisten aus dem Baskenland verschwunden seien. Mithin forderte sie Amnestie und die Wiedervereinigung von Nord- und Süd-Euskadi.

3. Das Autonomiestatut

3.1 Das Gernika-Statut

Nachdem eine baskische Expertengruppe den Basistext für das Statut ausgearbeitet hatte, wurde dieser nach der Veröffentlichung der spanischen Verfassung am 29. Dezember 1978 in einem historischen Treffen dem Cortes in Gernika vorgestellt. Der Entwurf beinhaltete unter anderem folgende Punkte: Art. 1 spricht dem Volk als „Ausdruck der nationalen Realität" das Recht zu, zur Umsetzung der Selbstregierung eine Autonome Gemeinschaft zu bilden. Das *Euskara* wurde als nationale Sprache normiert. Weiterhin wurde die Gleichstellung der baskischen mit der spanischen Sprache verfügt und den baskischen Regierungsorganen die Pflicht auferlegt, das *Euskara* zu fördern und zu verbreiten. Es wurden Erweiterungsmöglichkeiten der ursprünglichen Rechte der Baskischen Autonomen Gemeinschaft (*Comunidad Autónoma del País Vasca*, CAV) erwähnt. In mehreren Artikeln wurde innerhalb des II. Titels die Organisation der Justiz angesprochen. Außerdem beinhaltete der Entwurf eine Klausel zum Schutz der *Fueros*.

Kasper geht davon aus, dass das Statut, welches durch die *Conciertos Económicos* finanziert werden sollte, sich nicht wesentlich von seinem Vorläufer des Jahres 1936 unterschied.[40] Euskadi wurde als offizieller Name für die autonome Region des Baskenlandes übernommen. Um die am wenigsten von der baskischen Kultur geprägte Provinz *Alava* ins Baskenland zu integrieren, wurde Vitoria zur Hauptstadt Euskadis. Die automatische Eingliederung *Navarras* in die

---

[40] KASPER 1997: 187

autonome baskische Region wurde von der spanischen Regierung abgelehnt, ebenso wie der Abzug der staatlichen Sicherheitskräfte.

An dem feierlichen Akt in Gernika nahmen sowohl parlamentarische als auch außenparlamentarische Kräfte teil, um das Statut in Geschlossenheit zu unterschreiben. Von 28 Teilnehmern stimmten nur zwei gegen das Statut. Sie sahen in dem Statut keine Repräsentation der baskischen Einheit, da viele Kräfte bei der Ausarbeitung nicht mit einbezogen worden waren. Außerdem kritisierte man die Rahmenbedingungen der Verfassung, auf denen das Statut basierte. Trotz ihrer Gegenstimme kündigte die PNV an, das Statut mit aller Kraft zu unterstützen, dennoch wollte man in Zukunft an der Realisierung der Selbstbestimmung arbeiten.

Die Freude an der Unterzeichnung des Entwurfs wurde kurz darauf durch die Ankündigung über die Auflösung des Cortes und die Ausschreibung von Neuwahlen gedämpft. Die Basken sahen hierin eine Gefahr für die zügige Bearbeitung ihres Autonomieprojekts. Der Statut-Entwurf wurde bei den Verhandlungen in Madrid in das „Moncloa-Satut" umgetauft.

3.2 Das „Moncloa-Statut"

Am 1.März 1979 fanden die Parlamentswahlen statt, die in der Tat die Statutverabschiedung verzögerten. Das Wahlergebnis fiel zugunsten der nationalistischen Partei aus, wodurch sich automatisch ihre Mitgliederzahl in der *Asamblea de Parlamentarios Vascos* (APV, Versammlung baskischer Parlamentarier) auf 16 Mitglieder erhöhte. Zudem wurde der PNV-Senator Mikel Unzueta zum neuen APV-Vorsitzenden gewählt. Die neue APV, die für den Inhalt des Entwurfs verantwortlich war, stimmte am 20. März einstimmig für das Gernika-Statut.

Nach den Lokalwahlen wurde auch ein neuer baskischer Generalrat (CGV) gebildet. Garaikoetxea, der PNV-Führer, wurde einstimmig zum Vorsitzenden des obersten baskischen Organs gewählt. Er sprach sich nochmals für die Wiedereinsetzung der ökonomischen Sonderrechte und die Förderung der Zweisprachigkeit aus. Am 18. April wurde eine Spezialkommission im spanischen Kongress einberufen, die den spanischen Parteien die Möglichkeit einräumte, sich bis zum Juni durch *Motivos de Desacuerdo* (Gründe der Ablehnung) oder durch *Motivos de Acuerdo* (Gründe der Zustimmung) zu dem Statut zu äußern. Der von PNV und EE unterbreitete Vorschlag, das Statut nicht nur auf seine Verfassungswidrigkeit, sondern auch auf seinen Inhalt zu prüfen, wurde abgelehnt. Alle Parteien waren sich in der Anerkennung der Verfassung als „Rahmen" des Statuts einig. AP und UCD brachten insgesamt 20 Änderungsanträge vor, während andere Parteien von Änderungswünschen absahen, um laut Helmrich eine Einigung nicht zu erschweren.[41] Bei Helmrich kommen die wichtigsten Einwände von AP zum Ausdruck; sie schreibt: „Sie forderten in erster Linie die Abschaffung der Schutzklausel für die baskischen Sonderrechte und die Wahrung der Einheit des spanischen Staates" (HELMRICH 2002: 314). Die UCD sprach sich hauptsächlich für die ausdrückliche Normierung der „unteilbaren spanischen Souveränität" aus. Suárez äußerte später, dass es der Regierungspartei nicht zwangsläufig um den Inhalt des Statuts gegangen sei, vielmehr wollte sie Druck auf die Nationalisten ausüben. Nach dieser Stellungnahme wurde er unter anderem von zahlreichen Zeitungen kritisiert. Das baskisch-nationalistische Presseorgan *Euzkadi* bezeichnete die Verfassung als „Waffe der Regierung gegen das Statut", weiter warf man der UCD vor, „Euskadis Identität zu verspielen".[42] Sogar die staatliche Zeitung *EL País* nahm diesbezüglich die Basken in Schutz, indem sie vor dem Versuch der UCD warnte, „Patriotismus, Verfassungstreue und rechtliche Weisheit" zu monopolisieren.[43]

Die Regierung befürchtete eine Ablehnung des von oben eingesetzten Autonomiestatuts, was gleichzeitig eine Stärkung der radikalen Nationalisten bedeutete. So war es unumgänglich, eine absolute Zustimmung der PNV für das Statut zu erhalten. Da aber die Regierungspartei nicht von ihrer ursprünglichen Meinung abzubringen war, musste Ministerpräsident Suárez intervenieren. So kam es zu Gesprächen zwischen ihm und Garaikoetxea und deren Vertretern, wäh-

---

[41] Vgl. HELMRICH 2002: 313
[42] Ebd.: 314
[43] Ebd.

rend die APV und die Mitglieder der Verfassungskommission miteinander verhandelten. Um eine gegenseitige Beeinflussung zu vermeiden, waren beide Gruppen voneinander abgeschieden. Die Gespräche endeten am 17. Juli 1979 mit dem Ergebnis zahlreicher Kompromisse im Bereich der Bildungspolitik, der Kompetenzverteilung und im Polizeiwesen. Außerdem einigte man sich auf eine unauffällige Formulierung der möglichen Integration *Navarras* in die CAV. Die Reaktion des Ministerpräsidenten auf die Übereinkunft beider Seiten wird von Helmrich beschrieben: „Ministerpräsiden Suárez zeigte sich erfreut, dass es gelungen war, das Statut nicht zu einem ‚Gnadenakt der Zentralregierung' verkommen zu lassen" (HELMRICH 2002: 317).

Am 21. Juli 1979 wurde von der gemischten Kommission abschließend über das Statut debattiert.[44] Die endgültige Fassung wurde schließlich am 18. Dezember 1979 als das sogenannte „*Ley Orgánica 3/79*" verabschiedet. Auf den Inhalt des Statuts wird nun eingegangen.

3.3 Der Inhalt

Das baskische Autonomiestatut besteht aus fünf Kapiteln, in denen 47 Artikel verankert sind, zusätzlich enthält es neun Übergangs- und eine Zusatzbestimmung. Die Artikel 1 bis 9 konzipieren die baskische Autonomie in ihren Grundzügen. In Art. 1 konstituiert sich das baskische Volk in Anlehnung an die Verfassung zur Verwirklichung seiner Selbstregierung als Autonome Gemeinschaft. Genau heißt es:

> „Das baskische Volk konstituiert sich als Ausdruck seiner Nationalität und zur Realisierung seiner Selbstregierung in einer Autonomen Gemeinschaft innerhalb des spanischen Staates unter der Bezeichnung Euskadi oder Baskenland im Einklang mit der Verfassung und diesem Statut als seiner grundlegenden institutionellen Norm" (Art. 1, zitiert nach HELMRICH 2002: 319).

---

[44] Ebd.: 317

Den historischen Territorien *Alava, Guipúzcoa, Vizcaya* und *Navarra* wird in Art. 2 das Recht verliehen, Teil dieser autonomen Volksgemeinschaft zu sein. Im zweiten Abschnitt werden *Alava, Guipúzcoa* und *Vizcaya* als aktuelle Bestandteile erwähnt. Gemäß Art. 3 sind die historischen Gebiete, die das Baskenland bilden, für ihre interne organisatorische Ausgestaltung selbst verantwortlich. In Art. 6 werden das *Euskara* und das Spanische als offizielle Sprachen in Euskadi anerkannt, zudem beinhaltet der Artikel eine Aufforderung zur Förderung der baskischen Sprache. Das Baskenland wird in Art. 9 ausdrücklich in den Geltungsbereich der spanischen Verfassung von 1978 integriert.

Das zweite Kapitel umfasst Art. 10 bis 23, die im Wesentlichen die Kompetenzen des Baskenlandes festlegen. Art. 10 beinhaltet 39 Absätze, welche die Bereiche umfassen, in denen Euskadi über eine ausschließliche Legislativgewalt verfügt. Dazu zählen unter anderem der Bereich des Wirtschafts- und Industriewesens, das soziale Fürsorgewesen, das Landwirtschaftswesen sowie der Fremdenverkehr und das Sportwesen. Auf die besonders brisante Bildungspolitik verweist Art. 16. Er spricht dem Baskenland die alleinige Kompetenz über alle Bereiche der Bildung zu, allerdings wird dem Staat die oberste Aufsichtspflicht vorbehalten. Art. 17 sieht die Bildung eines Sicherheitsausschusses vor, in dem viele baskische und staatliche Polizeibeamte gleichberechtigt vertreten sind. Die Bildung, Regulierung und Instandhaltung von eigenen Medien garantiert Art. 19.

Kapitel drei (Art.24 bis Art.39) konzipiert die Grundrisse des baskischen politischen Systems. Art. 24 Abs. 1 bestimmt das baskische Parlament, die Regierung und den Präsidenten (Lehendakari) als zentrale Organe. Dass das baskische Parlament nur eine Kammer besitzt, trägt laut Helmrich zwar zur Vereinfachung des komplexen politischen Systems in Euskadi bei, dabei werden ihrer Ansicht nach aber die Bedeutung des inneren Föderalismus und der Stellenwert der einzelnen Provinzen missachtet. In Art. 26 Abs. 1 wird eine paritätische Besetzung des Parlaments durch Vertreter der einzelnen historischen Territorien festgelegt. Helmrich sieht in dieser Bestimmung einen Widerspruch zur spanischen Verfassung, da diese in Art. 152 Abs. 2 die Wahl der Legislative nach Proporzkriterien normiert.

Die Initiative der Gesetzgebung steht laut Art. 27 dem Parlament, der Regierung, den führenden Organen der historischen Territorien und dem baskischen Volk zu. Die Volksinitiative lässt sich in der Regel aufgrund der geforderten Unterschriften kaum realisieren. Die Gesetzesausarbeitung findet erst in den entsprechenden Kommissionen und dann im Plenum statt. Nachdem der Präsident die Gesetze laut Art 27. Abs. 5 verabschiedet hat, werden sie im offiziellen Bulletin des Baskenlandes und in dem des Staates veröffentlicht.

Die Stellung und Funktion des Präsidenten wird in Art. 33 Abs. 2 festgelegt. Gegenüber den anderen Mitgliedern der Regierung besitzt er eine herausragende Stellung. Er leitet das Kabinett, ernennt dessen Mitglieder und bestimmt die Inhalte der Ministerien. Bei Helmrich liest man über seine Position:

„Als oberster Vertreter des baskischen Volkes besitzt er Funktionen und Bedeutung eines Staatchefs. Als solcher steht er für die Einheit Euskadis sowie die Kontinuität ihrer Existenz ein und symbolisiert die Fähigkeit zur Selbstregierung, die der CAV durch das Statut verliehen wurde" (HELMRICH 2002: 324).

Art. 34 bezieht sich auf das baskische Oberste Gericht. In Art. 38 werden die baskischen Gesetze der ausschließlichen Kontrolle des spanischen Verfassungsgerichts unterworfen.

Das vierte Kapitel (Art.40 bis Art. 45) normiert die Grundzüge der baskischen Finanzverwaltung, Art. 40 konzipiert eine eigene Finanzbehörde. Durch das traditionelle System der *Conciertos Económicos* werden die steuerlichen Beziehungen gemäß Art. 41 Abs. 1 zwischen dem Gesamtstaat und dem Baskenland geregelt. Die historischen Territorien können über ihre Steuerarten frei verfügen. Im fünften Kapitel werden die Bestimmungen der Reform des Statuts festgelegt. Helmrich fasst wie folgt die wichtigste Reglung zusammen:

„Die Initiative hat gemäß Art. 46 von mindestens einem Fünftel der Mitglieder des Baskischen Parlaments, von der baskischen Regierung oder dem spanischen Cortes auszugehen und bedarf der Zustimmung des baskischen Parlaments und des baskischen Volkes in einem Referendum" (HELMRICH 2002: 325).

Die Zusatzbestimmung verweist auf eine künftige Einforderung der historischen baskischen Rechte. Die Modalitäten der Kompetenzübertragung vom Zentralstaat auf die CAV regeln die Übergangsbestimmungen Nr.2 bis 5. Die Bestimmung Nr. 2 sieht die Bildung einer Kommission vor, die einen konkreten Zeitplan ausarbeiten soll und sich paritätisch aus baskischen und spanischen Regierungsmitgliedern zusammensetzt. Gleichzeitig erfolgt durch die Bestimmung eine endgültige Übertragung der Kompetenzen, die bis dahin provisorisch an die CAV übergegangen waren.

Anschließend wird auf die Abstimmung des Statuts und auf die Haltung der politischen Akteure eingegangen.

3.4 Die Ratifizierung

Am 25. Oktober 1979 fand das Referendum über das Autonomiestatut, an dem sich knapp 60% der Basken beteiligten, statt. 90,28% stimmten für das Autonomiestatut. Lediglich 5,16% votierten dagegen. Das genaue Ergebnis der Abstimmung wird in der folgenden Tabelle wiedergegeben.

Tabelle 3: Ergebnis des baskischen Staatsreferendums

	Abstimmungsberechtigte	Beteiligung in %	Enthaltung in %	Ja-Stimmen in %		Nein-Stimmen in %		Ungültige Stimmen in %	
				Berechtigte	Abstimmende	Berechtigte	Abstimmende	Berechtigte	Abstimmende
Euskadi	1.565.541	58,86	41,14	53,13	90,28	3,03	5,16	2,68	4,56
Alava	174.930	63,23	36,77	52,89	83,66	5,72	9,07	4,60	7,27
Vizcaya	883.609	57,49	42,51	52,16	90,73	2,85	4,96	2,47	4,30
Guipúzc.	507.002	59,73	40,27	54,91	90,93	2,42	4,06	2,39	4,01

Quelle: HELMRICH, ANTJE: „Nationalismus und Autonomie – Die Krise im Baskenland 1975-1981", 2002, S.336

Nachdem der Kongress und die Senatoren mehrheitlich für das Statut stimmten, wurde es offiziell am 18. Dezember 1979 vom König verabschiedet. Vier Tage später ist das Autonomiestatut im baskischen Bulletin veröffentlicht worden, womit das Baskenland offiziell den Status einer Autonomen Gemeinschaft erhielt. Im Einklang mit der spanischen Verfassung wurden der Autonomen Gemeinschaft des Baskenlandes durch das Autonomiestatut viele Zugeständnisse gemacht, hierzu zählen eine autonome Regierung, ein eigenes Parlament, die Gleichberechtigung ihrer Sprache mit dem Spanischen, eine weitgehende Finanzautonomie, die Einrichtung eines regionalen Obersten Gerichtshofes und das Hoheitsrecht über Justiz und Erziehungswesen. Weiterhin wurde sie ermächtigt, zur Aufrechterhaltung der öffentlichen Ordnung anstelle der staatlichen eine eigene Polizei aufzubauen. Zusätzlich sind ihr weitgehende Kompetenzen im wirtschaftlichen, sozialen und kulturellen Bereich eingeräumt worden. Trotz dieser vielen Befugnisse konnte das Autonomiestatut keine Beruhigung oder gar eine Befriedung des Baskenlandes bewirken; die terroristischen Attentate wurden fortgesetzt. Auch die baskischen Nationalisten gaben sich nicht mit den Befugnissen zufrieden, die ihnen das Autonomiestatut gewährleistete. Besonders die Zusatzklausel wurde später für eine mögliche Unabhängigkeit gedeutet, was zu einem eisigen Klima zwischen staatlichen und nationalistischen Parteien führte.

Das nächste Kapitel beschreibt, wie die staatlichen Behörden und die regionalen Akteure versuchten, die Gewalt in den Griff zu bekommen. Außerdem wird die politische Entwicklung nach Verabschiedung des Autonomiestatuts verfolgt.

VIII. KONFLIKTHERD EUSKADI

1. Der Kampf gegen den Terrorismus

Nahezu alle baskischen Parteien und politischen Akteure begrüßten das Autonomiestatut, mit Ausnahme von ETAm und ihrem politischen Arm *Herri Batasuna*. Sie hielten weiterhin an ihrer Forderung nach einem sofortigen selbstständigen sozialistischen Baskenland fest. Folglich setzte ETAm ihre Strategie des Terrors fort, als potentielle Opfer galten nun fast alle, die sich dem Zentralismus anschlossen. Walther L. Bernecker schreibt hierzu in dem Aufsatz „Ethnischer Nationalismus und Terrorismus im Baskenland", der 2001 in der Nr. 60 der Zeitschrift „Zeitgeschichtliche Hintergründe aktueller Konflikte VIII" veröffentlicht worden ist:

> „Inzwischen wurden nicht nur bestimmte Polizisten umgebracht, sondern der Polizei und dem Militär schlechthin war der Kampf angesagt; waren früher nur Unternehmer entführt und erpresst worden, die als ‚Verräter' und Klassenfeinde galten, so widerfuhr dieses Schicksal inzwischen auch mittelständischen Industriellen, die ein gutes Verhältnis zu ihrer Belegschaft hatten" (BERNECKER 2001: 225).

Somit ist die letzte terroristische Ebene erreicht, da nun systematischer Terror gegen Personengruppen und -kategorien ausgeübt wird. Bernecker gibt weiter an, dass neuerdings die Revolutionssteuer von fast allen Angehörigen des gehobenen Mittelstands entrichtet werden musste. 1980 gründeten alle baskischen Parteien, außer HB, erstmalig eine „Friedensfront", die sich gegen die Gewaltszenarien in der Region richtete.

Nach 1975 formierten sich zahlreiche rechtsextreme Terrororganisationen, die sich gegen die politisch motivierte Gewalttätigkeit der ETA richteten. Zwischen den links- und rechtsterroristischen Ausschreitungen stand die Angst und Hilflosigkeit der Bevölkerung. Bernecker macht die ETA für die Zunahme der sozialen Probleme verantwortlich, er gibt an: „Negative Folgen des ETA-Terrors waren Vertrauensschwund in die Politik der Regierung, Abwanderung von Industrien sowie die Zunahme der sozialen Problematik" (BERNECKER 2001: 226).

Die ETA legte diese Erscheinungen wohl positiv aus, da sie somit wieder neue Mitglieder, die mit den sozialen und politischen Bedingungen unzufrieden waren, für sich gewinnen konnte. 1980 erreichte der Terror einen Höhepunkt, in diesem Jahr starben 100 Menschen, in den Folgejahren fielen durchschnittlich 40 Menschen dem Terror zum Opfer.[45] Damit zeichnete sich immer deutlicher ab, dass der Terrorismus zu einer endemischen Erscheinung geworden war, die auch nicht durch Übertragung weiterer Kompetenzen an das Baskenland zu überwinden war. Dementsprechend wandte der Staat verschiedene Vorgehensweisen an, um die ETA zu bekämpfen.

Einerseits motivierte man die französischen Sicherheitsbeamten zur Mithilfe bei der ETA-Verfolgung, was dazu führte, dass der südwestfranzösische Rückzugsraum der ETA entfiel. Laut Bernecker führte dies zu einer deutlichen Schwächung der Organisation. Ein erheblicher Erfolg gegen das Terrornetzwerk wurde 1992 erzielt. In diesem Jahr hob man die gesamte damalige ETA-Führung im französischen Bidart aus.

Auf der anderen Seite versuchte die spanische Regierung durch Verschärfung der Gesetze, die ETA auszuhöhlen. Dabei schreckte die Regierung auch nicht vor Maßnahmen zurück, die gegen die Menschenrechte verstießen. Die Aktivitäten der staatlichen Terrororganisation GAL (*Grupos Antiterroristas de Liberación*) zählten mit zu den härtesten. Andreas Baumer äußert diesbezüglich in Heft 4 der Zeitschrift „Blätter für deutsche und internationale Politik" 2003: „Was Menschenrechtsverletzungen und andere ‚Pathologien des Antiterrorismus' angeht, stellten die Aktivitäten der GAL in den 80er Jahren den schlimmsten Exzess dar" (BAUMER 2003: 469).

Dieser gezielte Gegenterror kostete mehreren Dutzend Menschen das Leben.[46] Weiter versuchte die Regierung, die Terrorgruppe zu vernichten, indem sie ihr nahe stehende Medien, Organisationen und Kneipen verbot. Außerdem erklärte man 2002 in Form eines Gesetzes die Partei *Batasuna* (ehemals *Herri Ba-*

---

[45] Vgl. BERNECKER 2001: 226
[46] Ebd.: 227

tasuna) als illegal. 2003 verabschiedete man ein weiteres Gesetz, in dem die Höchststrafe der verurteilten *Etarras* von den bisherigen 30 auf 40 Jahre angehoben wurde. Andreas Baumer bezeichnet sowohl die Einsetzung diverser Foltermethoden als auch die legalen Maßnahmen, wie die Verteilung zahlreicher baskischer Gefangener in Gefängnisse außerhalb Euskadis, das Verbot baskischer Massenmedien und baskischer Organisationen als kontraproduktiv.[47] Vielmehr wurden sie seiner Meinung nach zu den Hauptursachen für den anhaltenden Erfolg militanter nationalistischer Mobilisierung im Baskenland. Er schreibt:

> „Es geht nicht nur um die Frage nach der Balance von effizienten Antiterrormaßnahmen und den Schutz von bürgerlichen Freiheiten und rechtstaatlichen Grundsätzen, sondern auch darum, ob die Antiterrormaßnahmen politisch nicht das Gegenteil dessen bewirken, was sie eigentlich erreichen sollten" (BAUMER 2003: 470).

Dass die härteren staatlichen Mittel keine Lösung, sondern eine Verschlechterung des Gewaltproblems erzielten, wird durch die höhere Anzahl an ETA-Aktivitäten ab 1980 deutlich. Die baskische Bevölkerung, die mehrere Jahre zu den Gewalttaten geschwiegen hatte, formierte sich in den Folgejahren zu einer immer breiter werdenden Widerstandsfront. Viele Menschen nahmen nun an Massendemonstrationen gegen die ETA teil und zeigten ihre Ablehnung symbolisch mit einer blauen Schleife. Es sind zahlreiche Anti-Terror-Organisationen ins Leben gerufen worden, wie AVT, COVITE, *Basta ya!*, Gesto por la Paz und Elkarri. Nach der Ermordung von Miguel Angel Blanco 1997 wurden außerdem die Stiftung „Foro Ermua" und die „Fundación Miguel Angel Blanco" gegründet. Die vielen Friedensorganisationen lassen erkennen, dass die ETA zunehmend an sozialem Rückhalt verliert.

Im September 1998 atmete besonders die baskische Bevölkerung auf, da die ETA einen unbefristeten Waffenstillstand verkündete. Nun wuchs die Hoffnung, endlich in Frieden leben zu können.

Warum lenkte die ETA nach Jahrzehnten des Terrors plötzlich ein? Wer oder

---

[47] BAUMER 2003: 470

was konnte sie dazu bewegen, die Waffen fallen zu lassen? Diese Fragen sollen nun beantwortet werden.

2. Der Waffenstillstand von ETA

Das Jahr 1998 brachte viele politische und soziale Umwälzungen, die die veränderte Haltung der ETA beeinflussten. Zu Beginn des Jahres hatte der Lehendakari Ardanza einen neuen Friedensplan vorgelegt, der einen „Dialog ohne Grenzen" vorsah, zu dem man auch HB einladen wollte; ein längerer Waffenstillstand der ETA sollte dazu die Vorrausetzung sein.[48] Da die spanische Regierung 1998 eine Reihe polizeilicher Erfolge im Kampf gegen die ETA erzielte und die gesamte HB-Führung inhaftieren konnte, lehnte sie den Friedensplan ab. Das uneinsichtige Verhalten der PP führte zu einer Verhärtung der gegenüberliegenden Positionen. Die baskische Bevölkerung mobilisierte ihre Kräfte zu dieser Zeit zunehmend gegen die ETA, Baumer schreibt diesbezüglich: „Gleichzeitig entfaltete die baskische Zivilgesellschaft enorme Aktivitäten; noch nie zuvor waren so viele Menschen gegen die ETA auf die Straße gegangen" (BAUMER 2003: 471). Damit wandte sich der Großteil der Bevölkerung nicht nur gegen das Terrornetzwerk, sondern auch gegen ihren politischen Arm *Herri Batasuna*. Um eine vollständige Niederlage zu vermeiden, änderten die separatistischen Linksnationalisten ihre Taktik. Einerseits taufte die Partei sich Anfang September 1998 in Euskal Herritarok („Wir baskische Bürger") um. Bei Bernecker findet man eine Zusammenfassung des kaum veränderten Parteiprogramms:

> „Euskal Herritarrok (EH) übernahm im Wesentlichen das politische Programm von Herri Batasuna, welches das Recht auf Selbstbestimmung des baskischen Volkes, eine demokratische Lösung des Gewaltproblems, mehr soziale Gerechtigkeit und die Vereinigung aller Basken (einschließlich derer in der nur teilweise baskischen Provinz Navarra und in Frankreich) fordert" (BERNECKER 2001: 230).

---

[48] BERNECKER 2001: 229

Mit Ausnahme der PNV kritisierten alle baskischen Parteien die Neugründung als taktisches Wahlmanöver. Auf der anderen Seite war die radikalnationalistische Partei nun bereit, mit der PNV über die Zukunft des Baskenlandes zu verhandeln, um die Initiative wieder zurückzugewinnen. Dementsprechend begannen Ende Februar 1998 eine Reihe von Geheimverhandlungen zwischen HB und PNV. Man debattierte über einen Gewaltverzicht des MLNV (*Movimiento de Liberación Nacional Vasco* – Baskische Nationale Freiheitsbewegung) und über die Bereitschaft der PNV, die Autonomie zu überwinden. Schließlich verpflichtete sich die PNV im August in einem Treffen mit der ETA, beim nationalen Aufbau mitzuwirken und einen politischen Kurs in Richtung Unabhängigkeit einzulegen. Im Gegensatz dazu wollte die ETA ihre Waffen fallen lassen. Unter diesen Voraussetzungen unterzeichneten im September 1998, kurz nach der Gründung von EH, die nationalistischen Kräfte des Baskenlandes in *Lizarra* (span.: *Estella*) einen Pakt, der sowohl den „Friedensplan" als auch die Forderungen der ETA beinhaltete. Über den Kern des Paktes liest man bei Bernecker: „Er enthielt die Verpflichtung zu allseitigen und offenen, zugleich aber ausschließlich baskischen Verhandlungen über die politische Zukunft des Baskenlandes" (BERNECKER 2001: 230). Kurz nachdem das Abkommen von *Lizarra* verabschiedet worden war, verkündete ETA einen „unbefristeten und vollständigen Waffenstillstand" (BERNECKER 2001: 230). Damit wurde der Friedensprozess in Gang gesetzt; gleichzeitig war der Weg zur Unabhängigkeit festgeschrieben.

Die neue Haltung der ETA ist aber nicht nur der PNV zu verdanken, da sie ebenfalls von dem irischen Friedensprozess beeinflusst worden ist, in dem sich auch die IRA im Frühjahr 1998 zu einer friedlichen Lösung bekannte. Dieser Zusammenhang wird in dem Artikel „Das Baskenproblem: Achillesferse der Einheit Spaniens" von Helmut Wittelsbürger und Daniel Klein, in den „KAS-Auslandsinformationen" von 1999, 15. Jahrgang, Heft 2, dargestellt. Hier heißt es:

„Auch das Vorbild des Waffenstillstands und der Fortschritte im nordirischen Friedensprozess sind zu beachten; die ETA verglich die eigene Rolle gerne mit der der IRA, während sich Herri Btasuna (HB), der politische Arm der ETA, in der Rolle Sinn Feins gefiel" (WITTELSBÜRGER/ KLEIN 1999: 43).

Auch für Baumer war der irische Friedensprozess ein Vorbild für die Friedensinitiative.[49] Die Separationsorganisation behielt sich allerdings vor, zu ihrer Strategie der Gewalt zurückzukehren, wenn der Friedensprozess keine Fortschritte machte.

Bei den baskischen Regionalwahlen im Oktober 1998 ging die Taktik der EH auf; sie konnte starke Gewinne verbuchen. Mit 17,9 Prozent der Stimmen avancierte sie, neben PNV und PP, zur drittstärksten Partei im Baskenland. Die EH war bereit, mit der PNV und der EA (*Euskadi Alkartasuna* – Baskische Solidarität) eine nationalistische Minderheitsregierung zu bilden, außerdem wollte sie demokratisch für die Unabhängigkeit kämpfen. Den gesamtspanischen Parteien war die neue, rein nationalistische Regierung jedoch ein Dorn im Auge, da sie von den militantesten Schichten des baskischen Nationalismus abhängig war. Die PNV und EA hatten sich damit, laut Baumer, aus dem demokratischen Block herausgelöst; gemeinsam forderten sie nun ein unabhängiges sozialistisches Groß-Baskenland (*Eusakl Herria*). *Udalbiltza* war die „erste internationale Institution der Basken", die aus einer Versammlung von Gemeinderäten aus den baskischen und französischen Provinzen, einschließlich *Navarras* gegründet wurde.[50]

Nach Verkündung des Waffenstillstandes kam es zu einer Annäherung von PNV und den separatistischen Organisationen; charakteristisch für das neue Verhältnis waren: gemeinsame Demonstrationen für die Zusammenlegung von ETA-Häftlingen, übereinstimmende Erklärungen und die Zusammenarbeit in politischen Fragen. In „Das Baskenland und Nordirland" schreibt Valandro sogar von einem Angebot der zuerst skeptischen Regierung Aznar, erstmals direkt mit der ETA zu verhandeln. Allerdings reichten diese Zugeständnisse der ETA nicht

---

[49] Vgl. BAUMER 2003: 471
[50] Ebd.: 472

aus, bei Baumer heißt es hierzu: „Sie warf dem PNV vor, nicht konsequent auf dem Weg zur nationalen Unabhängigkeit voranzuschreiten" (BAUMER 2003: 472). Schließlich kündigte die ETA ihren Waffenstillstand trotz des Entgegenkommens der moderaten Nationalisten in Bezug auf die baskische Unabhängigkeit im November 1999, nach knapp 16 Monaten, wieder auf. Im Januar 2000 kehrte sie zu einer Offensive der Gewalt zurück. Schnell wurde klar, dass es sich bei dem Waffenstillstand von Anfang an um ein Täuschungsmanöver der Terroristen gehandelt hatte, da sie die gewaltfreie Zeit zum Auffüllen ihrer Waffenarsenale und zum Umstrukturieren ihrer Kommandos nutzten.

Auch wenn der Waffenstillstand gescheitert ist, lassen sich aus seinem Zustandekommen, neben der internationalen Friedenskonjunktur, wesentliche Erkenntnisse ziehen; Andreas Baumer gibt drei entscheidende Faktoren an, die den Friedensprozess beeinflussten:

> „Erstens die politische und militärische Schwäche von HB und ETA, zweitens der Druck, den die baskische Zivilgesellschaft mit ihren Massendemonstrationen nach dem Mord an Miguel Angel Blanco ausübte und drittens das Abkommen von Lizarra, ein theoretisch ergebnisoffenes politisches Projekt, das auch von den radikalen Nationalisten akzeptiert werden konnte" (BAUMER 2003: 472).

Für das Scheitern macht Baumer in erster Linie die ETA selbst verantwortlich. Offensichtlich hatte die terroristische Organisation kein Interesse an einem tatsächlichen Friedensprozess, da sie den Waffenstillstand als bloße Atempause für sich nutzte, womit sie sich gleichzeitig von der PNV separatistische Zugeständnisse erschlich; die scheinbare Nichterfüllung setzte sie als bloße Rechtfertigung ein, um zu ihren Waffen zurückzukehren. Außerdem weigerte sich die ETA, ihren gesamten politischen Spielraum auf HB zu übertragen. Das Abkommen von *Lizarra* baute laut Baumer auch auf zwei Grundfehlern auf. Einerseits stellte es den nationalen Aufbau vor den Frieden, auf der anderen Seite waren nur rein nationalistische Kräfte, mit Ausnahme von IU (*Izquierda Unida* – Vereinigte Linke), und kleinen Gruppen in *Lizarra* beteiligt. Die zentrale Forderung der zivilgesellschaftlichen Bewegung *Elkarri*, alle politischen und sozialen Kräfte zu beteiligen, blieb dabei unbeachtet.

Als weiteren Grund für das Scheitern ist an dieser Stelle auch die Vorgehensweise des Staates zu nennen. Obwohl die ETA ihren Waffenstillstand einhielt, haben die spanischen Sicherheitskräfte weiterhin an ihrer konsequenten Verfolgung der *Etarras* festgehalten. Im März 1999 konnte man das zu dieser Zeit stärkste ETA-Kommando „Donosti" in San Sebastián zerschlagen.[51] Seit Ende des Waffenstillstands kam es zu einer zunehmenden Radikalisierung innerhalb des nationalistischen Flügels. Offensichtlich hat sich innerhalb des MLNV der militanteste Flügel durchgesetzt. Ab sofort wollte die ETA auch die Politiker vernichten, die sich für einen Dialog aller politischen Kräfte im Baskenland einsetzten, womit sie deutlich machen wollte, dass es nur ein „Entweder-Oder" gibt.

Auch innerhalb der EH wurde ein immer radikalerer Kurs eingeschlagen, so äußerte man im Juni 2001, dass „für die Einrichtung von Euskal Herria alle Arten des Kampfes notwendig sind" (BAUMER 2003: 473). Diese absolute Haltung führte zur Abspaltung einiger Mitglieder, die bald darauf die Partei Aralar gründeten. Aralar verfolgt im Wesentlichen die gleichen Ziele wie der MLNV, lehnt den bewaffneten Kampf aber entschieden ab.

Die engen Kontakte der PNV zu EH und zum MLNV stellten eine Abkehr von der bisherigen Übereinkunft aller spanischen Parteien dar. Die alte Einteilung des baskischen Nationalismus in einen militanten und einen nichtmilitanten Sektor war mit der Radikalisierung der PNV überholt. Wie die PNV endgültig das demokratische Lager verlassen hat, wird nun thematisiert.

---

[51] Vgl. VALANDRO 2001: 48

3. Die Radikalisierung der PNV

Im Herbst 1999, zum 20. Jahrestag des Erlasses des Autonomiestatuts, erklärte die PNV das „Statut von Gernika" für beendet.[52] Die Autonomieregelung wurde ab sofort als oktroyierte Reglung verneint, da sie mit Unterordnung verbunden war. Die Nationalisten kündigten ein „Souveränitätsprojekt" an, in dem das Baskenland als gleichberechtigter Verhandlungspartner auftreten sollte. Nachdem die ETA im November 1999 ihren Waffenstillstand aufkündigte, führte die PNV ihre parlamentarische Zusammenarbeit mit *Euskal Herritarrok* uneingeschränkt weiter. Der Grundsatz der gesamtspanischen Parteien „mit ETA wird nicht verhandelt, solange ETA mordet" war damit gebrochen. Anfang Dezember 1999 distanzierte sich die PNV endgültig von der Madrider Regierungspartei, indem sie Ministerpräsident Aznar ihre parlamentarische Unterstützung entzog. Zeitgleich kündigte man Gespräche mit EH über das „Souveränitätsprojekt für Euskadi" an. Über die Reaktion von PP gibt Bernecker Auskunft: „Daraufhin forderte der PP die Auflösung des baskischen Parlaments und Neuwahlen, da die Wähler im Oktober 1998 in Unkenntnis der politischen Radikalisierung des PNV ihre Stimme abgegeben hätten" (BERNECKER 2001: 233).

Eine weitere Abkehr der nationalistischen Partei von Madrid vollzog sich 2000. In diesem Jahr kündigten die PNV und EH einen neuen politischen und rechtlichen Rahmen an, mit dem das Baskenland eine vollständige Souveränität erreichen sollte. Mit dieser Zielsetzung ließ die PNV über 20 Jahre Politik auf Grundlage des Autonomiestatuts hinter sich, womit sie sich gleichzeitig entschieden gegen die Demokratie und die spanische Verfassung stellte, da es in Art 2 der Verfassung heißt:

---

[52] Vgl. BERNECKER 2001: 232

„Die Verfassung basiert auf der unauflöslichen Einheit der spanischen Nation, der gemeinsamen und unteilbaren Heimat aller Spanier, und anerkennt und garantiert das Recht auf Autonomie der Nationalitäten und der Regionen, die diese einschließen, sowie die Solidarität unter allen" (Art. 2, zitiert nach VALANDRO 2001: 212).

Diese Kernaussage der Verfassung betont das Prinzip der territorialen Einheit Spaniens; eine Abspaltung des Baskenlandes ist demnach unzulässig und nicht gesetzmäßig.

Da EH sich weigerte, die seit Januar 2000 stattfindenden ETA-Morde zu verurteilen, kündigte die PNV ihren Legislaturpakt mit den Separatisten auf. Regierungschef Ibarretxe erklärte weiterhin den Pakt von *Lizarra* für aufgehoben, solange ETA weiter mordete. Nach Auszug von EH aus dem Parlament verlor die nationalistische Regierung ihre parlamentarische Mehrheit, außerdem kündigte man die Zusammenarbeit mit EH auf. Nachdem Konservative und Sozialisten ein Misstrauensvotum gegen den Regierungschef einreichten, konnten nur Neuwahlen eine Lösung der komplizierten Situation bringen. Diese fanden schließlich am 13. Mai 2001 statt. Im Vorfeld schlossen die nationalistischen Parteien PNV und EA ein Wahlbündnis. Das PNV/EA-Programm sah eine Überwindung des Gerika-Statuts vor, gleichzeitig postulierte es den Kampf um die Souveränität Euskadis und das Selbstbestimmungsrecht des baskischen Volkes. Demzufolge nannten sich die gesamtspanischen Parteien „Verfassungsparteien"; für sie waren die antretenden Parteien entweder für oder gegen die Autonomie. Diese Klassifizierung lehnte allerdings der gemäßigte Flügel der PNV ab. Er trat vehement für die Verfassungsmäßigkeit bestehender Institutionen und den Respekt vor der Pluralität der baskischen Bevölkerung ein. Der Lehendakari Ibarrexe verkündete in diesem Zusammenhang, dass er seine Regierung nicht mehr von den Radikalen abhängig machen werde.

Bei einer einmaligen Wahlbeteiligung von 80% erhielt die nationalistische Koalition PNV/EA 42,7% der Stimmen, die Konservativen PP/UA 23% und die Sozialisten PSE-EE kamen auf 17,8% der Stimmen.[53] Die Radikalen von EH

---

[53] Vgl. VALANDRO 2001: 63

mussten sich mit einem bescheidenen Ausgang von 10,1% zufriedengeben.[54] Bernecker macht die gemäßigte Haltung Ibarretxes für den sensationellen Wahlsieg der Nationalisten verantwortlich. Die gesamtspanischen Parteien mussten nun einsehen, dass der Weg zum Frieden mit der PNV zu gehen ist und dass Verhandlungen mit ihr nicht länger ausbleiben können.

Die deutliche Wahlniederlage der EH wurde als gemeinsamer Sieg aller Demokraten gefeiert und kann als zunehmende Isolierung der Radikalen, einschließlich ETA gewertet werden. Die enorme Wahlbeteiligung ist ein Zeichen für ein stärkeres politisches Bewusstsein im Baskenland, das sich auch in der Auseinandersetzung mit der ETA herausgebildet hat. Das Wahlergebnis macht zudem deutlich, dass rund 54% der Basken in Spanien für mehr Selbstbestimmung und Autonomie des Baskenlandes votierten, womit eine eindeutige Spaltung der baskischen Gesellschaft in Nationalisten und Nicht-Nationalisten ersichtlich wird. Der bewaffnete Kampf zur Durchsetzung politischer Ziele wird mehrheitlich abgelehnt. Durch die Regionalwahl am 25. Mai 2003 wird diese Einteilung noch offensichtlicher; der PNV gelang eine Steigerung auf 44%.

Im Anschluss an die Wahlen artikulierte auch Ibarretxe die Distanzierung von den Radikalen, gleichzeitig erklärte er den „Pakt von *Lizarra*" als überwunden. Trotzdem ist eine Lösung des baskischen Problems noch lange nicht in Sicht, da sowohl die PNV als auch die baskische Gesellschaft mehr denn je gespalten sind. Das Verbot von EH am 17. März 2003, was sich auf ein im Juni 2002 verabschiedetes Gesetz stützte, welches Parteien verbietet, die sich weigern, den Terrorismus zu verurteilen, kann wahrscheinlich ebenfalls nicht als Lösungsansatz gelten, da durch die Taktik der Repression erneute Gewaltanschläge der ETA provoziert werden. Schon kurz nach dem Parteiverbot galt dies im nationalistischen Lager als diktatorischer Eingriff von außen. Reiner Wandler spekuliert, dass das Parteiverbot das Gegenteil dessen bewirkt, was es eigentlich wollte; so schreibt er in der Nr. 6839 der am 29.08.2002 veröffentlichten TAZ auf der Seite 12 unter der Überschrift „Batasunas Kooperation mit ETA verlangte

---

[54] Ebd.

drastische Maßnahmen": „Die Kehrtwende vieler von der ETA-Linie Enttäuschter ist denkbar, und die Radikalisierung des eigentlichen ETA-Umfeldes gilt als sicher" (WANDLER 2002: 12).

Die Neugründung der Nachfolgepartei AuB ist der Beweis für die Sinnlosigkeit des Verbots. Mithin ist das Verbot nicht unbedingt notwendig gewesen, da die baskische Zivilgesellschaft am 22. Dezember 2002 mit einer Anti-ETA-Demonstration ihre Abneigung gegen die Radikalen äußerte, womit diese gesellschaftlich isoliert wurden. Außerdem äußerte sich die neue Partei Aralar ebenfalls zuungunsten der ETA, sie erkennt den bewaffneten Kampf nicht an, fordert die Auflösung von ETA und einen Dialog über die Zukunft des Baskenlandes. Die PNV kritisierte zwar das Parteiverbot, gilt aber als offensichtlicher Nutznießer, da sie bei den Regionalwahlen 2003 als herausragender Sieger hervorging. Es ist davon auszugehen, dass die Batasuna-Wählerschaft zur PNV übergelaufen ist.

Wie ein eventueller Weg zum Frieden auf demokratischer Basis aussehen könnte, in den auch der MLNV miteinbezogen wird, skizziert die zivilgesellschaftliche Organisation *Elkarri*. Ihren Vorschlag zum Frieden hält sie in einem Dossier fest, den Inhalt gibt Baumer wie folgt wider:

> „Darin werden die Ergebnisse eines Diskussionsprozesses vorgestellt, der in den letzten zwei Jahren in insgesamt zwölf Kolloquien, die unterschiedlichste politische und soziale Akteure zusammenführten, mit dem Ziel geführt wurde, eine Friedenskonferenz im Herbst 2002 vorzubereiten" (BAUMER 2003: 474).

Leider muss man die Konferenz als gescheitert betrachten, da sie die wichtigsten Akteure PP und EH nicht mit einbezog. Michel Bischoff schreibt in „*Le Monde diplomatique*" Nr. 7055 vom 16.05.2003 unter dem Titel „Das Baskenland in Zeiten der Unnachgiebigkeit", dass PP die Teilnahme verweigerte. Dennoch ist das Dossier von großem Interesse, da es die Meinung eines breiten Spektrums der baskischen Gesellschaft repräsentiert und als Basis für zukünftige Verhandlungen genutzt werden kann. Als besonders wichtig und richtungweisend auf der Friedenssuche ist der Aufruf der Konferenz an ETA und die spanische Zentralregierung, auf das irische Vorbild zu blicken. Diese Assoziation ist laut Valandro zulässig, da sowohl die baskische als auch die nordirische Gesellschaft eine Zweiteilung aufweisen.[55]

Die Schlussbetrachtung setzt sich näher mit diesem Vergleich auseinander und gibt Aufschluss darüber, inwiefern er zu einer Befriedung des baskischen Konflikts beitragen kann. Dabei soll das baskische Problem sowohl von staatlicher als auch von nationalistischer Perspektive beleuchtet und analysiert werden, inwiefern beide Akteure zur scheinbar ausweglosen Situation beitragen. Im Weiteren soll aufgezeigt werden, welche Errungenschaften der baskische Nationalismus von seiner Entstehung bis jetzt gemacht hat, und warum er sich damit nicht zufrieden geben will. Es wird diesbezüglich erläutert, warum weitere Zugeständnisse von Seiten des Staates nicht zwangsläufig eine Beendigung des Konflikts bedeuteten.

---

[55] Ebd.: 67

IX. SCHLUSSBETRACHTUNG

Nach dem Tod des Diktators Franco 1975 konnte unter König Juan Carlos die Demokratie aufblühen. Als wichtigste Errungenschaft in diesem Zusammenhang gilt die 1978 verabschiedete Verfassung, die als Grundlage für die Ausarbeitung des Autonomiestatuts diente. Die PNV war an der Gestaltung des Statuts beteiligt; ihr gelang es, sich in den meisten Themenbereichen durchzusetzen und das politische System der Autonomen Baskischen Gemeinschaft (CAV) weitgehend nach ihren Vorstellungen auszubauen. Das 1979 verabschiedete Gernika-Statut (*Estatuto de Gernika*) verhalf der Autonomen Region des Baskenlandes zur eigenen Regierung, zu einem eigenen Parlament, zu eigenen Steuergesetzen und zur eigenen Polizei, damit besitzt sie mehr Autonomie als eine andere spanische Region und als ein deutsches Bundesland. Außerdem beinhaltet das Statut eine Sonderreglung, die der baskischen Regierung die Möglichkeit einräumt, in Zukunft weitere Rechte einzufordern, die nicht in der Verfassung geregelt sind. Auf diese Sonderreglung stützte sich die Forderung nach Souveränität, die 1998 von PNV, EA und EH in dem Pakt von *Lizarra* geäußert wurde. 1999 wurde das Autonomiestatut endgültig für beendet erklärt. Mit der Forderung nach Unabhängigkeit und der Ablehnung der 20-jährigen Autonomieregelung setzten sich die Parteien doppelt über die Demokratie hinweg. Zum einen richtet sich dieses Verlangen gegen die demokratisch verabschiedete Verfassung, da diese die Einheit und Unteilbarkeit Spaniens betont, anderseits wird der Wille des Volkes, der in einer Demokratie oberste Priorität besitzt, hierbei nicht beachtet. Im Referendum vom 25.10.1979 stimmten 90,28% der baskischen Bevölkerung für die erreichte Autonomie. Auf diese Abstimmung folgten Befragungen zu einer vollständigen Unabhängigkeit, 1979 votierten nur 15% für diese. In den 80er und 90er Jahren bewegte sich der Anteil der Zustimmenden zwischen 15-25%. Diese Ergebnisse repräsentieren die ablehnende Haltung der baskischen Bevölkerung bezüglich einer Trennung Euskadis von Spanien. An dieser Tatsache dürfte auch neue Volksabstimmung, nach dem Vorbild der kanadischen Provinz Quebec, die von Ibarretxe im Frühjahr 2005 gefordert wird, nichts ändern.

Der Lehendakari hatte 2003 einen neuen Plan vorgelegt, der das Selbstbestimmungsrecht und eine Abspaltung des Baskenlandes im Jahre 2005 vorsieht. Nach seinen Vorstellungen soll die baskische Regierung nur noch eine lockere Anbindung an Spanien haben, ähnlich wie Puerto Rico an die USA. Ibarretxes Plan ist in vielerlei Hinsicht utopisch. Abgesehen von der Bevölkerung, die wahrscheinlich nicht mehrheitlich für die Trennung abstimmen wird, da sie sich in zwei Lager spaltet, wird sein Vorhaben von der spanischen Regierung erst gar nicht zugelassen, da eine solche Initiative laut Gesetz von Madrid ausgehen muss. Und Madrid stellte sich von Anfang an dagegen; Nikolaus Nowak gibt in „Der Welt" vom 28.10.2003, Nr. 251-44 unter dem Artikel „Basken wollen sich per Gesetz von Madrid lösen" ein Zitat von dem damaligen spanischen Premier José María Aznar wieder, der sagte: „Der Plan hat null Chancen, ich wiederhole: null" (AZNAR, zitiert nach NOWAK 2003).

Auch der heutige Premier José Luis Rodríguez Zapatero lehnte den Plan ab, er titulierte ihn in der Tageszeitung „Die Welt" als „undemokratisch" (ZAPATERO, zitiert nach NOWAK 2003). Sein Vorschlag wird nicht nur von der Zentralregierung verneint, sondern auch durch eine Vielzahl von PNV-Mitgliedern; immer mehr gemäßigte Nationalisten der PNV fordern eine Rückkehr zu den Prinzipien des Autonomiestatuts.[56] Weiterhin ist der Plan nicht durchsetzbar, da er die Einbeziehung der französischen Gebiete *Labourd, Basse-Navarre* und *Soule* fordert, womit gleichzeitig ein weiterer staatlicher Akteur, nämlich Frankreich, mit entscheiden muss. Ibarretxe muss davon ausgehen, dass die französische Regierung seinem Plan nicht zustimmen wird, und dies aus folgendem Grund: 1994 lehnte sie bereits eine Zusammenfassung der baskischen Gebiete in Frankreich zu einem eigenen Departement ab, sie war außerdem nicht bereit, den Basken in Frankreich eine Autonomie, wie sie die Basken in Spanien haben, zu gewähren.[57]

---

[56] Vgl. BERNECKER 2001: 240
[57] Vgl. VALANDRO 2001: 206

Warum sollte sie also ihre Meinung nun ändern, zumal sie davon keinen Vorteil hätte?

Auch *Navarra*, das sogenannte Herz des Baskenlandes, darf nationalistischen Forderungen zufolge nicht fehlen. Die „Baskonen" von *Navarra* gelten als die Vorfahren der heutigen Basken, was sie natürlich für eine Staatsgründung – aus historischer Sicht – unentbehrlich macht. Doch vertritt der Großteil der Bewohner *Navarras* die Meinung, dass ihre Region eine vom Baskenland absolut verschiedene Einheit ist. Deshalb gründete man 1977 eine Partei, die sich explizit gegen den baskischen Nationalismus richtet: die Union des navarresischen Volkes (UPN). Diese avancierte mittlerweile zur stärksten politischen Partei der Region. Das dürfte wohl ein ausreichendes Indiz für die ablehnende Haltung *Navarras* in Hinsicht auf den Ibarretxe-Plan sein. Zum größten Teil hängt diese „unbaskische Haltung" mit der frühen Romanisierung und der Arabisierung zusammen, die zu einem Verlust der baskischen Prägung führte.

In der Tageszeitung „Die Welt" vom 28.10.2003 liest man weiterhin, dass die mehrheitlich spanisch fühlende Provinz *Alava* ihren Austritt ankündigt, falls Ibarretxes Plan erfolgreich ausgeführt wird. Für Valandro hat der unnachgiebige Wunsch nach Vereinigung aller historischen Gebiete des Baskenlandes die Nationalisten in eine ausweglose Situation geführt, bei ihm heißt es:

> „Die Forderung nach Einbeziehung der baskischen Gebiete in Frankreich sowie Navarras in einen auf den Provinzen Alava, Guipúzcoa und Vizcaya basierenden baskischen Staat hat den radikalen baskischen Nationalismus in eine politisch-strategische Sackgasse geführt" (VALANDRO 2001: 207).

Die 1959 aus der PNV gegründete ETA kann die Nationalisten wohl auch nicht durch ihre seit Jahrzehnten ausgeübten Terrorattentate aus dieser beklemmenden Not befreien, da sie mit ihrer Gewaltkampagne nur noch eine Verschlimmerung der gegenwärtigen Lage bewirkt und gleichzeitig staatliche Repressionen provoziert. Die ETA entstand als Reaktion auf die Unterdrückung des Franco-Regimes und vertrat mehrere Positionen. Ein großer Teil der Gewaltorganisation verglich ihre Lage mit einem kolonialisierten Land in der Dritten Welt. Demnach mussten der Kolonialherr, der das gesamte Volk unterdrückte, in diesem Falle der spanische Zentralstaat, und die Großindustriellen aus dem Baskenland vertrieben werden. Die ETA fordert mit der *Izquierda Abertzale* (patriotische Linke), also der Gesamtheit der ETA nahe stehenden politischen und sozialen Organisationen, ein unabhängiges, selbständiges Baskenland, das auf den Prinzipien des Kommunismus aufgebaut ist.

Vorerst beschränkte sie sich auf reine Propaganda. Als sich herausstellte, dass damit ihre Maximalforderungen nicht zu erreichen waren, griff sie zu härteren Maßnahmen: dem bewaffneten Kampf. ETA wollte mit diesem Ansatz bewusst gegen den Nationalismus der alten Generation rebellieren. Ihrer Ansicht nach setzten die Alten ihre Ziele nicht vehement genug durch. ETA wollte einen radikal anderen Nationalismus begründen, der vor allem die Teilung der baskischen Gesellschaft überwinden sollte. Dementsprechend strebte man eine Fusion des Nationalismus mit dem Marxismus an. Dadurch könnte eine einheitliche baskische Arbeiterklasse geschaffen werden, die das Großbürgertum ausschließt. Diese Ideologie sollte vor allem den verhassten Kapitalismus, der für den baskischen Identitätsverlust verantwortlich gemacht wird, bezwingen.

Nicht alle Mitglieder konnten sich mit der neuen radikalen Strategie identifizieren, weshalb es 1974 zum Bruch kam. Gegenüber standen sich nun ETAm, die den bewaffneten Kampf befürworteten, und ETApm, die die Gewalt ablehnten. ETAm gilt als eindeutige Terrorismus-Organisation, da sie die idealtypischen Entwicklungsstadien einer terroristischen Subkultur aufweist. Als letzte Stufe gilt hierbei die Ausübung systematischen Terrors gegenüber Personengruppen oder -kategorien. Als potentielle Opfer gelten all diejenigen, die mit der Zentralregierung kooperieren, die sich für einen Dialog zwischen Madrid und den Nationalisten einsetzten und die öffentlich ihre Ablehnung gegen die Gewalt äußern.

Ein Beispiel für das blutige Kalkül der ETA ist Fernando Buesa, der im Jahr 2000 ermordete Chef der baskischen Sozialisten (PSE). Dieser strebte eine Annäherung von Sozialisten und PNV an. ETA wollte vermeiden, dass diese politische Übereinkunft auf ihre Kosten geht. Sabino Ayestaran, Professor für Psychologie an der Universität von San Sebastián, äußert diesbezüglich in „*Le Monde diplomatique*" Nr.7055 vom 16.05.2003: „Die Anschläge haben das Ziel, Zwietracht zwischen den Parteien zu säen" (zitiert nach BISCHOFF 2003). In Hinblick auf die politische Klasse muss man sagen, dass sie dieses Ziel erreicht hat. Die alte Einteilung der politischen Akteure in demokratische Parteien und gewaltsame Separatisten ist überholt, so besteht heute der Gegensatz vielmehr zwischen radikalen Nationalisten und den Nichtnationalisten. Diese Einteilung bezieht sich auf die gesamte baskische Gesellschaft. Die baskische Professorin für Soziologie Mora Gotzone steht gleich zweimal auf der Liste der ETA, da sie einerseits Mitglied einer gesamtspanischen Partei, der PSOE, ist und sich andererseits für Autonomie und gegen Terror in der Organisation *Basta Ya!* (dt. „Jetzt reicht's") engagiert. Gotzone vertritt den Pluralismus der baskischen Gesellschaft, der für ETA unakzeptabel ist und deshalb bekämpft werden muss.

Seit kurzem zielt die ETA auch sinnlos auf Menschenmassen ab. Weihnachten letzten Jahres sollten 50 kg Sprengstoff in einem Intercityzug, der von Irun nach Madrid fuhr, explodieren. Das Schlimmste konnte gerade noch verhindert werden; die Bomben wurden kurz vor der Explosion sichergestellt. In Anbetracht dieses Terror-Plans ist es nicht verwunderlich, dass die ETA zunächst für das Blutbad in Madrid am 11. März dieses Jahres verantwortlich gemacht worden ist. Bis zu diesem Datum hatte die ETA seit 1968 817 Menschen ermordet. Mit ihrem Terror will die Gewaltorganisation die spanische Regierung zum Eingreifen provozieren, womit sie eine genau kalkulierte Taktik verfolgt, die auf repressive Maßnahmen nach einer Aktion abzielt. So soll jeder Anschlag eine außergewöhnliche Reaktion des Staates auslösen. Diese Repression soll in den Augen der *Etarras* dem Staat die „demokratische Maske" herunterreißen und eine wachsende Zahl von Menschen für den bewaffneten Kampf mobilisieren.[58] Weil sich die spanische Regierung dazu hinreißen lässt, ETA auch mit undemokratischen Mitteln zu verfolgen, geht diese Strategie nahezu immer auf. Hierzu liest man bei Baumer: „Es ist die Tragödie Spaniens, dass es beim Aufbau demokratischer Institutionen erfolgreich war, aber zumindest teilweise an der Aufgabe der Demokratisierung von Sicherheitsorganen und Verwaltung scheiterte" (BAUMER

---

[58] Vgl. BISCHOFF 2003

2003: 469). Für das undemokratische Vorgehen des Staates gibt es mehrere Beweise. Die in den 80er Jahren gegründete *Grupos Antiterroristas de Liberación* (GAL) stellt hierbei den schwerwiegendsten dar. Die im Auftrag des Staates eingesetzte Antiterror-Organisation machte Jagd auf ETA-Mitglieder, dabei kamen 30 Menschen ums Leben. Nicolaus Richter gibt in der 60. Ausgabe der „Süddeutschen Zeitung" am 12. März 2004 an, dass der frühere sozialistische Innenminister deswegen vor ein paar Jahren zu einer Haftstrafe verurteilt wurde.[59] Bis heute existieren noch Antiterrorgesetze, die immer wieder in der Kritik der spanischen und internationalen Menschenrechtsorganisationen stehen. Am schärfsten wird diesbezüglich die fünftägige Untersuchungshaft unter Isolationsbedingungen, in der es auch zu Folterungen kommt, verurteilt. Martxelo Otamendi, der Chefredakteur der mittlerweile geschlossenen Tageszeitung *Egunkaria*, saß als angeblicher ETA-Sympathisant in einem spanischen Gefängnis, er berichtet 2003 in „*Le Monde diplomatique*":

> „Sie haben mich beschimpft und bedroht; sie haben mir die Augen verbunden, mir zweimal einen Plastiksack über den Kopf gezogen, bis ich keine Luft mehr bekam; sie haben mich am Schlafen gehindert und mich gezwungen, Liegestütze zu machen" (OTAMENDI, zitiert nach BISCHOFF 2003).

Der Innenminister weist diese Anschuldigungen zurück; „Amnesty International" und „Reporter ohne Grenzen" verlangen jedoch eine Untersuchung der Vorwürfe. In Bezug auf diese Anschuldigungen klingt die am 26.08.2002 verabschiedete Resolution für ein Verbot der linksnationalistischen baskischen Partei *Batasuna* und deren Vorgängerorganisation *Herri Batasuna* und *Euskal Herritarrok* eher harmlos. Doch weist dieses Vorgehen auf die undemokratische Linie des Zentralstaates hin, da es von drei Vierteln der Basken abgelehnt wird.[60] Für dieses Parteiverbot wurde kurz vorher ein eigener Gesetzesentwurf verabschiedet, was ein weiteres Indiz für das Außerachtlassen der demokratischen Spielregeln ist. In der Nr. 6837 der „TAZ" vom 27.08.2002 liest man unter dem Titel „Baskenpartei soll verboten werden" von Hans-Günter Kellner über den Inhalt

---

[59] Vgl. RICHTER 2004: 12
[60] BISCHOFF 2003

des Gesetzes: „Demnach sollen Parteien, ‚die systematisch die Grundrechte verletzen und Mordanschläge befürworten oder rechtfertigen‘, verboten werden" (KELLNER 2002: 10). Schließlich konnte das im Juni 2002 ratifizierte Gesetz am 17. März 2003 wirksam werden, nachdem vorher der Verbotsantrag mit 313 Ja-stimmen, 10 Gegenstimmen und 27 Enthaltungen mehrheitlich vom spanischen Parlament angenommen worden war. Den Weg dorthin ebnete man am 20. Februar 2003 durch die Schließung der Tageszeitung *Egunkaria*. „Sie sei von ETA gegründet, finanziert und gelenkt", so lautet der Vorwurf an die einzige vollständig auf Baskisch veröffentlichte Tageszeitung. Vertreter aller Parteien, außer PP, demonstrierten gegen das Verbot. Die baskische Bevölkerung empfindet die Schließung nicht nur als Angriff auf die Pressefreiheit, sondern auch als Angriff auf den baskischen Nationalismus, die baskische Sprache und die baskische Identität. Außerdem äußerten „Unesco", die katalanische Bürgerrechtsbewegung, die spanischen Zeitungen *EL Pais* und *El Mundo* heftige Kritik an dem Verbot.

Unter ebenso undemokratischen Bedingungen liefen die Regionalwahlen am 25.05.2003 ab. Die spanische Regierung strich die für das Selbstbestimmungsrecht eintretende Partei Aub von den Wählerlisten. Erstmals durften keine separatistischen Kandidaten zur Wahl antreten. Trotz des *Batasuna*-Verbots gaben 120.000 Wähler ein Protestvotum für die Partei ab. Andere *Batasuna*-Anhänger liefen zur PNV über, womit sie einen Zuwachs von 10% erreichen konnte.

Mit der Aufzählung von nicht-demokratischen Maßnahmen von staatlicher Seite kann an dieser Stelle allerdings noch nicht abgeschlossen werden. So brachte die spanische Regierung 2003 einen weiteren Gesetzesentwurf vor, der sich speziell auf terroristische Straftäter bezieht. Demnach sollen *Etarras* künftig eine Haftstrafe von 40 gegenüber bisher 30 Jahren verbüßen, wenn sie nicht bereitwillig dem bewaffnetem Kampf abzuschwören bereit sind. Im Weiteren verbot man die Jugendorganisation Sergi, alle Demonstrationen bezüglich *Batasuna* und Vereine zur Unterstützung inhaftierter ETA-Mitglieder. Die Verlegung von rund 600 baskischen Gefangenen in Strafanstalten weit außerhalb des Baskenlandes gilt bei allen erwähnten Vorkommnissen objektiv als harmlos. Für die Angehörigen ist die Situation allerdings äußerst dramatisch, da sie hunderte von

Kilometern zurücklegen müssen, um ihre Familienmitglieder zu besuchen.

Die staatliche Antiterrorstrategie erwies sich in vielerlei Hinsicht als kontraproduktiv. Die Fälle von Folter und Menschenrechtsverletzungen, die Verbote von Vereinen, politischen Organisationen und Parteien, die Schließung von Zeitungen und viele legale Maßnahmen wurden zu Hauptursachen für den anhaltenden Erfolg der radikalen, militanten Mobilisierung im Baskenland. Der Staat erkannte die Reichweite des politischen Konflikts nicht, da er ihn auf ein rein terroristisches Problem reduzierte, was er mit unakzeptablen polizeilichen Mitteln zu bekämpfen versuchte. Weitgehend alle Beobachter sind sich darin einig, dass die Aushöhlung des Rechtsstaates und die Kriminalisierung der sozialen Basis der ETA die Organisation in ihrem Krieg unterstützt. Durch die Maßnahmen des Staates, die sich außerhalb demokratischer Richtlinien bewegen, verlieren viele Bürger den Glauben an den spanischen Rechtsstaat, weshalb sie sich radikalen und militanten Organisationen anschließen. Hierin sehen sie die Möglichkeit zur Auflehnung gegen den resoluten undemokratischen Staat und die Chance zur Durchsetzung ihrer politischen Wünsche. Bischoff äußert prägnant: „Kurz gesagt, wer die ‚soziale Blase' der ETA außerhalb des Gesetzes stellt, verhindert den Dialog und treibt Bürger in den Untergrund, die man eigentlich für die Demokratie gewinnen sollte" (BISCHOFF 2003). Aber nicht nur die Bürger sind in die Arme der Radikalen getrieben worden, sondern auch Parteien. Die PNV verließ 1998 durch das Abkommen von *Lizarra* die demokratisch gemäßigte Basis, da sie sich mit der EH verbündete. Letztendlich will sie von ihren Forderungen nach einem unabhängigen Baskenland nicht loslassen. Damit hat sich der ehemals gemäßigte Nationalismus in seinen Positionen an die der extremistischen Organisation angenähert. Mit diesem Entwicklungsprozess vollzog sich ein gefährlicher Riss innerhalb der Partei, da ein großer Teil die Anerkennung der Autonomie zurückfordert. Die baskische Bevölkerung spaltete sich ebenso wie die PNV in Nationalisten und Nichtnationalisten. Während die eine Seite sich gegen die ETA engagiert, um sie gesellschaftlich zu isolieren, stärkt ein anderer Teil, der sich in Form einer Gegengesellschaft konstituiert, ihre soziale Basis. Diese Gegengesellschaft versucht mit allen Mitteln, die Jugend für ihre nationalistischen Prinzipien zu begeistern. Die Radikalen ziehen diese durch Straßenfeste und Musikbands förmlich in ihr Boot. Baumer schreibt in „Europäische Regionalkulturen im Vergleich" 2002 in dem Artikel „Rock radical" von einer hermetischen Gegengesellschaft, die so konstituiert ist, „dass sich ihre Mitglieder in einem sich selbst genügenden politischen, sozialen und kulturellen Bezugssystem bewegen" (BAUMER 2002: 69). Laut Baumer kreiert sie sich ihre eigene Realität, die sich im Sinne einer *self-fulfilling prophecy* immer wieder selbst bestätigt. Die Jugendsubkultur, die auch *rock radical* genannt wird, erhält hierbei eine zentrale Stellung. Den Akteuren von morgen wird durch gezielte Propaganda vermittelt, dass sie zu der besonderen baskischen Ethnie gehören, die sie gegen den Zentralstaat verteidigen müssen. Die Musik-Bands spielen dabei eine wesentliche Rolle, sie transportieren durch jugendbezogene Themen die radikalen und militanten Programme auf die neue Generation. Somit wird abgesichert, dass das baskische Erbe erhalten bleibt. Dem MLNV gelingt es durch bewusste Steuerung, besonders durch Musik, die ein Gemeinschaftsgefühl weckt, die Jugend für sich zu gewinnen. Durch Alkohol, Straßenkrawalle, Brandanschläge und andere anziehende Jugendbeschäftigungen soll die Jugend konform für den baskischen radikalen Nationalismus mobilisiert werden.

Diese starke Gegengesellschaft kann weder durch weitere staatliche Zugeständnisse noch durch Repressionen ruhiggestellt werden. Da sie den spanischen Staat in jeglicher Ausprägung als Feindbild realisiert, kann er ihren Ansprüchen in keiner Weise gerecht werden. Demzufolge besteht der Konflikt weitestgehend innerhalb der baskischen Gesellschaft. Deshalb kann auch nur durch ihr Mitwirken ein Friedensweg gegangen werden. Die baskische zivilgesellschaftliche Organisation *Elkarri* beschreibt, wie dieser Weg aussehen könnte. Seit elf Jahren setzt sie sich für eine zivile Konfliktbearbeitung ein. Im Herbst 2002 bereitete sie eine Friedenskonferenz vor, in der die baskischen sozialen und politischen Akteure mit internationalen Vertretern zusammenkamen. Diese Konferenz gilt als gescheitert, da zwei der wichtigsten Akteure, *Batasuna* und PP, nicht teilnahmen. Trotzdem spiegelt die Konferenz die entscheidenden Merkmale wider, auf die es bei der Friedenssuche ankommt, nämlich die Präsenz der baskischen Gesellschaft und den Dialog, der zwischen beiden Lagern geführt werden muss, d.h. sowohl auf ziviler als auch auf politischer Ebene. *Elkarri* appellierte am Ende der Konferenz an ETA und PP, auf das nordirische Beispiel zu blicken, da direkte Verhandlungen zwischen der britischen Regierung und der IRA 1998 zum Nordirlandfriedensabkommen führten. Inwieweit das nordirische Beispiel auf die Konfliktregulierung im Baskenland übertragen werden kann und welche Hürden diesbezüglich noch zu überwinden sind, wird nun analysiert.

Sowohl der irische als auch der baskische Nationalismus fordern eine fundamentale Veränderung des Status quo. Hierin liegt die zentrale Gemeinsamkeit beider Konflikte. Während die radikalen irischen Nationalisten die Separation Nordirlands von Großbritannien und den Anschluss an die Republik Irland anstreben, kämpfen die baskischen Nationalisten für ein souveränes, von Spanien und Frankreich unabhängiges Baskenland. Die Friedens- und Verhandlungsprozesse verliefen trotz zahlreicher Parallelen sehr unterschiedlich. Ähnlich wie in Spanien die Zentralregierung nicht mit *Batasuna* verhandeln wollte, war man lange Zeit in Nordirland nicht bereit, mit dem politischen Arm der IRA *Sinn Féin* in politische Interaktion zu treten. Erst die britische Regierung Blair akzeptierte 1997 *Sinn Féin* als offiziellen Verhandlungspartner. Entgegengesetzt dazu war die spanische Regierung unter Aznar nicht dazu bereit, sich mit *Herri Batasuna* über eine Konfliktregulierung auszutauschen. Wo die britische Regierung die Verhandlungen mit der realistischen *Sinn Féin* als Chance begriff, lehnte die spanische Regierung eine Unterscheidung zwischen den Realisten in der *Batasuna* und den Fundamentalisten in der ETA ab. Valandro vertritt die Meinung, dass nur die Einbeziehung aller Akteure, auch die der Gewaltorganisationen, einen tragfähigen Dialog und ein mögliches Abkommen erzielen kann. In Nordirland war man lange Zeit nicht zu einem Dialog zwischen IRA und *Sinn Féin* bereit, worin der Hautgrund des vorerst gescheiterten Friedensprozesses zu suchen ist. Seit den 90er Jahren rückte die britische Regierung von ihrer resoluten Haltung ab; vielmehr setzte man nun auf eine umfassende Strategie der Konfliktregulierung. Ab sofort verhandelte man nun mit dem vermeintlichen politischen Gegner, der IRA und *Sinn Féin*, dieser Dialog mündete 1998 im nordirischen

Friedensabkommen. Die Ausschaltung der Gewaltebene war dazu allerdings die Voraussetzung. Demgegenüber versuchte Spanien, die radikalen Nationalisten durch polizeiliche Maßnahmen und Repressionen zu schwächen. Die Organisation der ETA gleicht einem gut strukturierten Netzwerk, das von ca. 15% der baskischen Bevölkerung unterstützt wird, was die rein polizeilichen Maßnahmen sinnlos macht. Die repressive Verfolgung der ETA hat ferner das ohnehin schon durch die Franco-Diktatur angeschlagene Vertrauen der Bevölkerung in die Regierung verschlechtert, womit gleichzeitig die Zahl der ETA-Sympathisanten wuchs, weshalb sie als kontraproduktiv zu bezeichnen ist.

Neben den verschiedenen Haltungen der jeweiligen Regierungen zu den Separatisten unterscheiden sich die Konflikte außerdem durch das differenzierte Verhalten der baskischen und nordirischen Nationalisten. Im Laufe der 90er Jahre rückten die nordirischen Nationalisten von ihren Maximalforderungen ab, während die Nationalisten im Baskenland weiterhin auf ihren unrealistischen Forderungen beharrten. Dieses Festhalten der baskischen Separatisten an ihren unangemessenen Erfordernissen erschwert laut Valandro entscheidend die Ausgangsposition für umfassende Verhandlungen nach dem Vorbild Nordirlands.[61]

Die Forderung nach staatlicher Souveränität kann von der spanischen Regierung nicht akzeptiert werden, da dies eine nicht kalkulierbare Vorbildwirkung auf die Region Katalonien hätte. Weiterhin ist ein eigener baskischer Staat, der alle historischen Provinzen umfasst, unrealistisch, da *Navarra* sich einerseits mehrheitlich von dem baskischen Nationalismus und dessen Ethnie distanziert. Somit würde man hier bei einer Volksbefragung nach dem Vorbild Quebecs, die an sich schon eine Utopie ist, keine brauchbare Stimmenmehrheit bekommen. Auf der anderen Seite muss Frankreich mit einbezogen werden, die französische Regierung erkennt aber noch nicht einmal eine vollständige Autonomie in den französischen baskischen Regionen an, weshalb sie mit großer Wahrscheinlichkeit gegen eine eigene Staatsgründung ist.

Ein weiterer wichtiger Unterschied zwischen beiden Konflikten bezieht sich

---

[61] VALANDRO 2001: 204

auf die Tradition derselben. Der nordirische Nationalismus kann sich auf eine relativ lange historische Tradition beziehen, wohingegen der baskische Nationalismus auf diverse Erfindungen von solchen Traditionen angewiesen ist. Insbesondere verfügt das Baskenland nicht über eine historisch legitimierbare Tradition als unabhängiges politisches Gebilde. Aus diesem Grund drängt man so beharrlich auf die Einbeziehung *Navarras* in den zukünftigen Staat. Bis 1512 war *Navarra* ein eigenes Königreich. Erst durch die Integration *Navarras* könnten laut Valandro die baskischen Forderungen legitimiert werden. Nur rund 20% der Bevölkerung unterstützen die Nationalisten, weshalb das Unabhängigkeitsprojekt zum Scheitern verurteilt ist.[62]

Die fehlende externe Unterstützung für die baskischen Erfordernisse stellt einen zusätzlichen Faktor dar, der die Übertragung des nordirischen Modells auf den baskischen Konflikt behindert. Valandro schreibt hierzu: „Den Basken fehlt jene internationale Unterstützung, welche die katholische Ethnie in Nordirland einerseits von der Republik Irland und andererseits von der starken Lobby der irisch stämmigen Bevölkerung in den USA erhielt" (VALANDRO 2001: 207).

Weiterhin fehlt es den Basken an internationalen Verbindungen, wie sie z.B. zwischen den irischen Nationalisten und dem südafrikanischen „African National Congress" (ANC) oder der PLO bestehen. In den 90er Jahren erfolgte in der Clinton-Ära eine Internationalisierung des nordirischen Konflikts, welche eine wesentliche Voraussetzung für den Friedensprozess war. Eine solche Entwicklung blieb bisher im Baskenland aus und ist noch nichtvorauszusehen.

Das Fehlen eines unabhängigen und neutralen Vermittlers, wie er in Nordirland existierte, stellt einen erneuten Faktor dar, der eine Umsetzung des nordirischen Beispiels im Baskenland verhindert. Zwar gab es in Euskadi schon Versuche, mittels eines Mediators Verhandlungen zwischen der Zentralregierung und den radikalen Nationalisten einzuleiten, doch scheiterten diese immer an zwei Grundvoraussetzungen. Dazu gehörten eine langfristige Einstellung der Gewalt von beiden Seiten und die Einigung auf umfassende Rahmenbedingungen für

---

[62] Ebd. 205

einen Friedens- und Verhandlungsprozess. Erst wenn sich alle Beteiligten sowohl auf einen friedlichen Grundkonsens als auch auf einen für alle akzeptablen Mediator geeinigt haben, kann ein Vermittlungsprozess nach dem nordirischen Muster Wirklichkeit werden.

Außer einem externen Mediator fehlt es im Baskenland zudem an einem internen politischen Vermittler nach dem Beispiel der SDLP in Nordirland. Im Baskenland erfolgte Mitte der 90er Jahre eine starke Polarisierung des gesamtstaatlichen und des nationalistischen Lagers. In diesem Verlauf radikalisierte sich der einzig realpolitisch vorstellbare Vermittler, die PNV. Damit findet sich im Baskenland kein vergleichbarer interner Akteur nach dem Muster der SDLP, was ein weiteres Hindernis für einen Friedensprozess nach dem nordirischen Modell darstellt.

Im Vergleich zu Nordirland ist der baskische Nationalismus noch nicht bereit, seine Maximalforderungen an realpolitische Verhältnisse anzupassen. Die nordirischen Nationalisten haben ihre Forderung nach einer Vereinigung mit der Republik Irland im Verlauf der Verhandlungen zurückgestellt und sich mit einer regionalen Autonomie zufriedengegeben. Dabei ist zu beachten, dass die nordirische Autonomie von 1998 der Region lange nicht so viele Kompetenzen zuspricht, wie es die Autonomie im Baskenland tut. Ein Ausbau dieser zahlreichen Kompetenzen ist ohne eine Änderung der spanischen Verfassung, in der Spanien als Einheitsstaat deklariert wird, kaum mehr möglich. Das Autonomiestatut von 1979 ist weitestgehend an seine Grenzen gestoßen, weshalb die Forderung nach einem unabhängigen Staat auch für die PNV Ende der 90er Jahre immer attraktiver wurde. In Nordirland ist die bisher erreichte Autonomie noch ausbaufähig, worin ein weiterer wesentlicher Unterschied zwischen beiden Konflikten besteht.

In Anbetracht der vielen Differenzen zwischen beiden Konflikten ist eine einfache Übertragung des nordirischen Beispiels auf das Baskenland nicht in Sicht. Dementsprechend müssen unzählige Hürden überwunden werden, damit die baskische Krise befriedet werden kann. Am wichtigsten erscheint das Abrücken der radikalen Nationalisten von ihren Maximalforderungen, zumal sie in keiner Weise durchsetzbar sind. Würde der Staat durch weitere Zugeständnisse nachgeben, hätte das eine unabsehbare Vorbildwirkung nicht nur auf andere spanische Regionen, wie z.B. Katalonien, sondern auf die ganze Welt. Der Staat würde damit Gewalt als Durchsetzungsmittel für politische Ziele legitimieren, womit er gleichzeitig international anerkannte Menschenrechte verneint.

Bei der Umsetzung vom nordirischen Modell auf das Baskenland trägt der Staat eine wesentliche Verantwortung. Die Regierung muss als Repräsentant der Demokratie von undemokratischen Mitteln absehen. Das heißt, er muss in erster Linie die Repressalien gegen ETA und *Batasuna* einstellen, damit ihre Strategie unwirksam wird. Der Staat kann von der ETA nichts verlangen, wozu er selber nicht bereit ist.

Im nächsten Schritt muss er Bereitschaft zum Dialog signalisieren. Damit würde er das Vertrauen der baskischen Bevölkerung zurückgewinnen, womit sich wahrscheinlich gleichzeitig die Zahl der ETA-Sympathisanten verkleinert. Die Übertragung des nordirischen Projekts hängt aber auch von den Nationalisten ab. Das Ziel, die baskische Identität zu sichern, ist der ETA zweifellos gelungen. Dennoch gelang ihr es nicht, eine homogene baskische Gesellschaft zu kreieren. Heute stehen sich im Baskenland zwei unterschiedliche Bevölkerungsschichten feindlich gegenüber. Zu dieser Entwicklung hat der Nationalismus durch seine rassistischen Ideologien beigetragen. Diese Spaltung wird durch unangemessene Forderungen nach Souveränität und Selbstbestimmung noch verstärkt, da sich gerade in diesem Punkt die Gesellschaft entzweit. Weil die Parteien eine Vorbildfunktion für die Menschen haben, sollte die PNV zu ihrer demokratischen Basis zurückkehren. Sie muss also ihre unrealistische Forderung zugunsten der Demokratie und des Friedens aufgeben, womit sie gleichzeitig als neutraler Vermittler zwischen ETA und Zentralstaat in Frage kommen würde.

Die Gesellschaft trägt, wie schon erwähnt, die Hauptverantwortung für einen Friedensprozess. Sie muss durch Demonstrationen und Friedensorganisationen, welche auch internationale Aufmerksamkeit wecken, die radikalen Nationalisten gesellschaftlich isolieren und ihre soziale Basis schwächen, damit sie handlungsunfähig werden und die Gewalt ein Ende nimmt. Unter diesen Voraussetzungen kann ein Dialog aller Beteiligten den baskischen Konflikt beenden.

X. LITERATUR- UND QUELLENVERZEICHNIS

Carillo, Santiago/ Franz, Hans-Werner (Übers.): „Spanien nach Franco", Verlag für das Studium der Arbeiterbewegung GmbH, Berlin/ W., 1975

Chiner, Maria Jesús Montoro: „Föderalismus und Regionalismus in Europa", in: „Föderalismus und Regionalismus in Europa", Nomos Verlagsgesellschaft, Baden-Baden, 1990

Baumer, Andreas: „Rock radical", in: „Euröpäische Regionalkulturen im Vergleich", Peter Lang GmbH, Frankfurt/M., 2002

Baumer, Andreas: „ETA am Ende?", in: „Blätter für deutsche und internationale Politik", Heft 4, 48. Jahrgang, Verlagsgesellschaft mbH, Bonn, 2003

Bernecker, L. Walther: „Spaniens Geschichte seit dem Bürgerkrieg", Beck Verlag, München, 1984

Bernecker; L. Walther (Hg): „Der Übergang von der Diktatur zur Demokratie", Oldenbourg Verlag, München, 1993

Bernecker, L.Walther: „Ethnischer Nationalismus und Terrorismus im Baskenland", in: „Zeitgeschichtliche Hintergründe aktueller Konflikte VIII", Nr.60, Zürich, 2001

Conversi, Daniele: „The Basques, the Catalans and Spain", University of Nevada Press, 2000

Beyme von, Klaus: "Empirische Revolutionsforschung", Westdeutscher Verlag, Opladen, 1973

Bischoff, Michael: „Das Baskenland in Zeiten der Unnachgiebigkeit", in: „Le Monde diplomatique", Nr. 7055, vom 16.05.2003

Burgo del, Jaime Ignacio: „Basken und Katalanen", in: „Argumente und Materialien zum Zeitgeschehen 29", Hans-Seidel-Stiftung e.V., München, 2001

Heiberg, Marianne: „The making of the Basque Nation", Cambrige University Press, 1989

Helmrich, Antje: „Nationalismus und Autonomie. Die Krise im Baskenland 1975-1981", ibidem-Verlag, Stuttgart, 2002

Herzog, Werner (Hg): „Terror im Baskenland – Gefahr für Spaniens Demokratie?", Rowohlt Verlag, Hamburg, 1979

Hobsbawm, J. Eric/ Rennert, Udo (Übers.): „Nationen und Nationalismus", Deutscher Taschenbuch Verlag, München, 1996

Kasper, Michael: „Baskische Geschichte", Wissenschaftliche Buchgesellschaft, Darmstadt, 1997

Kellner, Hans-Günther, „Baskenpartei soll verboten werden", in: „TAZ", Nr. 6837

Lang, Josef: „Das baskische Labyrinth", isp-Verlag, Frankfurt/M., 1983

Maier, Lothar: „Spaniens Weg zur Demokratie", Anton Hain Verlag, Meisenheim, 1977

Mees, Ludger: „Der baskische Nationalismus", in: „Nationalismus in Europa nach 1945", Duncker & Humboldt, Berlin, 2001

Nohlen, Dieter/ Hildenbrand, Andreas: „Spanien, Wirtschaft-Gesellschaft-Politik", Leske & Buderich, Opladen, 1992

Nowak, Nikolaus: „Basken wollen sich per Gesetz von Madrid lösen", in: „Die Welt", Nr. 251-44, vom 28.10.2003

Puhle, Hans-Jürgen: „Baskischer Nationalismus im spanischen Kontext", in: Na-tionalismus in der Welt von heute", Vadenhoek & Ruprecht, Göttingen, 1982

Richter, Nicolaus: „Mörderische Verzweiflung", in: „Süddeutsche Zeitung", Nr. 60, 60. Jg, vom 12.03.2004

Tucholsky, Kurt: „Ein Pyrenäen-Buch", Rowohlt Verlag, Hamburg, 1962

Vilar, Pierre/ Kaiser, Wolfgang (Übers.): „Der spanische Bürgerkrieg", Wagen-bach Verlag, Berlin, 2001

Valandro , Franz: „Das Baskenland und Nordirland", Studien Verlag, Innsbruck, 2001

Waldmann, Peter: „Ethnischer Radikalismus", Westdeutscher Verlag, Opladen, 1989

Waldmann, Peter: „Ethnizität im Wandel", Breitenbach Verlag, Hallstadt, 1989

Waldmann, Peter: „Militanter Nationalismus im Baskenland", Vervuert Verlag, Frankfurt/M., 1990

Waldmann, Peter: „Beruf: Terrorist", Beck Verlag, München, 1993

Waldmann, Peter: „Terrorismus – Provokation der Macht", Gerling Akademie Verlag, München, 1998

Waldmann, Peter: „Diktatur, Demokratisierung und soziale Anomie", Ernst Vögel Verlag, München, 2003

Wandler, Reiner: „Euskadi", Walter Frey Verlag, Berlin, 1999

Wandler, Reiner: „Ein Grund zum Aufatmen", in: „TAZ", Nr. 6839, vom 29.08.2002, S.12

Wittelsbürger, Helmut/ Klein, Daniel: „Das Baskenproblem: Achillesferse der Einheit Spaniens", in. „KAS-Auslandsinformationen", Heft 2, 15. Jg, 1999

XI. TABELLENVERZEICHNIS

1143677R0

Printed in Germany by
Amazon Distribution
GmbH, Leipzig